中小学生不得不读的故事丛书

让青少年懂得
明辨是非的故事

本书编写组◎编

每一个好故事，都会带你种下完美人生的种子；每一个好故事，都是我们领悟人生的一盏明灯；每一个好故事，都是我们人生的一块基石。它给我们智慧的启迪，让我们抓住希望。对今天更加珍惜，对明天充满自信！

世界图书出版公司
广州·北京·上海·西安

图书在版编目（CIP）数据

让青少年懂得明辨是非的故事 /《让青少年懂得明辨是非的故事》编写组编 . —广州：广东世界图书出版公司，2010. 3（2024.2 重印）

ISBN 978 - 7 - 5100 - 1496 - 3

Ⅰ. ①让… Ⅱ. ①让… Ⅲ. ①品德教育 - 中国 - 青少年读物 Ⅳ. ①D432. 62

中国版本图书馆 CIP 数据核字（2010）第 037621 号

书　　名	让青少年懂得明辨是非的故事 RANG QINGSHAONIAN DONGDE MINGBIAN SHIFEI DE GUSHI
编　　者	《让青少年懂得明辨是非的故事》编写组
责任编辑	张梦婕
装帧设计	三棵树设计工作组
出版发行	世界图书出版有限公司　世界图书出版广东有限公司
地　　址	广州市海珠区新港西路大江冲 25 号
邮　　编	510300
电　　话	020-84452179
网　　址	http://www.gdst.com.cn
邮　　箱	wpc_gdst@163.com
经　　销	新华书店
印　　刷	唐山富达印务有限公司
开　　本	787mm × 1092mm　1/16
印　　张	10
字　　数	120 千字
版　　次	2010 年 3 月第 1 版　2024 年 2 月第 11 次印刷
国际书号	ISBN　978-7-5100-1496-3
定　　价	48.00 元

前言

社会生活五光十色，不同的人有着不同的价值观、不同的生活理想。是非善恶并不像黑白分明的标签，贴在每一人每一事之上。在现实生活中人们的追求有多种层次，有的高尚，有的中庸，有的低俗，有的邪恶。有时我们会面对似是而非、界限模糊的情况，这就需要我们学会理性分析，懂得认真思考。

一种行为是善的还是恶的，一件事是正确的还是错误的，应该做什么，不应该做什么，这是每个人心中都不能缺少的一把良知标尺。这把标尺的核心就是正确的是非善恶观。人的青少年时代是确立是非观的重要阶段，我们经历的每一时每一事，都在铸造自己良知的标尺。以美好道德陶冶自己的心灵，懂得法律规范，我们的标尺才不会弯曲变形。榜样是标尺上的刻度，选择善良正义的人作为自己的榜样，我们就能避免误入歧途。

但社会是复杂的，善恶美丑无所不包。接受怎样的社会影响，对于我们成长为怎样的人至关重要。来自各方的社会信息，都要在我们头脑中过滤筛选，运用良知的标尺加以判别。只有吸收有益的营养，剔除无益的毒素，我们才能健康成长。

在我们的生活里，长辈、亲朋的教导，报刊书籍、电视、互联网是我们了解生活的主要渠道，但这些渠道的传播也必然带着社会的复杂性。对长辈的言行我们也需要分清是非，问个究竟，而不能无原则地一概服从。长辈如果做错了，我们也应该帮助纠正。在公共传媒这座无边无际的信息森林里，我们要采摘什么、抛弃什么、避开什么，学会选择便是最重要的生存手段。

人最大的敌人往往是自己的软弱。有趣、新奇、刺激的诱惑俘虏意志薄弱者，带他们离开正道。只有坚定自己的意志，把握正确的良知标尺，才能抵御诱惑。有时还必须打破情面。有的人并非全无是非观念，而是身不由己，被动追随。也许是应同学朋友之邀，也许是因长辈亲属的带领，明知不对，不敢坚持原则，追随他人，做出错事。在人生的旅途中，有无数个正与误、善与恶的岔路口。这时，正确的是非观念将给你勇气和指引，使你不至于失足懊悔。

中小学生正处在青春的起点，心中憧憬着社会的正义、人生的真善美。这些美好的理想是他们终身的财富，所以，只有坚定地守护自己的美好理想，并且身体力行，才能够成为一个有用的人，一个人格高尚的人。

目 录

不为利动 清正廉洁

尊重事实 崇尚诚信

开放思想 不迷信权威

以大局为重 不较私利

不畏强权 直言进谏

勇保气节 敢说真话

坚持真理 不卖国求荣

明辨是非 心怀祖国

不为利动　清正廉洁

BU WEI LI DONG　QING ZHENG LIAN JIE

固守情操不为利动的子罕

> 仓廪实则知礼节，衣食足则知荣辱。
>
> ——《管子》

在古代，有一个宋国人得到一块宝玉，把它献给子罕。子罕不接受。献玉的人说：“因为我已经把它给琢玉的人看了，那人认为它是一块难得一见的珍宝，所以我才敢冒昧地把它献给您。”子罕说：“我把不贪作为宝，你把玉石作为宝；如果你把它给我，我们两人就都丢失了宝贝，不如各人保有自己的宝物，不是很好吗？”献玉的人跪拜于地，告诉子罕说：“小人带着玉璧，不能安全地走过乡里，把玉石送给您，我就能在回家的路上免遭杀身之祸。”

于是，子罕把这块玉石放在自己的乡里，请一位玉工替他雕琢成宝玉，卖出去后，把钱交给献玉的人，让他变得富有后才让他返回家乡。

不惧饮贪泉水的吴隐之

> 自律不严，何以服众？
>
> ——元·张养浩

吴隐之，字处默，祖籍濮阳鄄城，是吴质六世孙。吴隐之还有一个胞兄吴坦之。吴隐之家境贫寒，其父母早逝，兄弟俩相依为命。

吴隐之年轻的时候，博览群书，以孝著称于世。相传，他和哥哥吴坦之为去世的父母哭丧时，其悲声惨切，不但令行人为之流泪，而且出现了双鹤哀鸣、群雁不飞的情景。

后来，吴隐之兄弟因孝名远扬，被朝廷征召做了官。吴隐之兄弟间感情真挚，东晋大司马桓温专权时，袁真对其不满，起兵反叛，最后失败了。吴坦之因支持袁真受牵连而被桓温逮捕，即将被除死。吴隐之听说后，急忙赶去面见大司马桓温，情愿替兄赴死。桓温被感化了，从而赦免了吴坦之，吴隐之也因此受到大司马桓温的赏识。吴隐之官职屡次升迁，后来出任为晋陵郡(今江苏镇江)太守。在太守任上，他勤于政事，为官清廉，生活简朴。平时穿布衣，出门不坐车子，他的妻子虽贵为太守夫人，也是亲自纺纱织布，就连到集市上买的劈柴都自己背回家。相传吴隐之的女儿出嫁时，他的朋友谢玄不知道他家拮据，派有名的厨师前去帮忙操办婚事。厨师到他家后发现他家几乎穷得一无所有，家人正牵着一条狗准备去卖钱，换取嫁女的费用。后来吴隐之升为秘书监，生活依然清苦，所得俸禄大都接济了贫穷的亲戚朋友，冬天到了甚至连棉被都没有，像普通老百姓一样贫苦。

位于五岭之南的广州地区，盛产象牙、珍珠和名贵药材。历任广州刺史大都贪污受贿，搜刮百姓，使得民怨沸腾，简文帝司马昱为改变此弊端，决定委任清官吴隐之为龙骧将军、广州刺史。吴隐之赴广州上任途中，在距广州 20 里的地方，有一个名叫石门的小镇，那里有一股涌泉叫石门水。据说，外地人一旦饮了这里的泉水，便会起贪心，干出伤天害理的勾当，人们都称它为贪泉。历任广州刺史东窗事发后，都以误饮贪泉为借口为自己开脱罪责。吴隐之到达此地后，他认为官吏贪不贪，关键在于心术正不正。他掬水而饮。饮过贪泉水，还做了一首诗以表明心志，诗中写道："古人云此水，一饮怀千金。试使夷齐饮，终当不易心。"吴隐之到任后，严格要求自己，生活非常简朴。起初，人们认为刺史不过是在装模作样罢了。可是一年过去了，吴隐之仍一如既往，时常以贪泉的事来警诫自己。一天，随从送来一包剔骨的鲜鱼，他立刻警觉起来，拒绝接收这份礼物，并严厉警告说："一定要以身作则，不吃请，不受贿。如再发生此类的事，必定要严加惩罚。"在吴隐之的感召下，广州地区风气为之一变，官吏奉公守法，百姓安居乐业，民风也淳朴了。

吴隐之饮贪泉而不贪的行为，不但受到东晋皇帝的嘉奖，也备受后人称赞。唐代名臣魏征编修《晋书》时，为清官吴隐之写下了"晋代良能，此焉为最"的评语。如今广州越秀博物馆内，仍竖有一块刻着"贪泉"两个大字的石碑，这是广州老百姓为纪念清官吴隐之的趣闻佳话而立的。

"一钱太守"刘宠

> 非俭无以养廉，廉以养德。
>
> ——《元史·乌古孙泽传》

刘宠，东汉东莱(今山东掖县)牟平县人。刘宠在任会稽郡(今浙江绍兴市)太守时,轻徭薄赋,废除不合理的法令制度,禁止官吏欺压百姓,郡内秩序井然,百姓安居乐业。朝廷调他为将作大匠(主管工程建设的官员)。在他离任时,百姓们依依不舍。山阴县若耶山谷五六位鬓发斑白的老人各带了一百文钱,想送给他,可刘宠不肯收。老人们流着泪对刘宠说:"我们是山谷小民。前任郡守屡屡扰民,夜晚也不放过,有时狗竟然整夜叫吠不止,民不得安。可自从您上任以来,夜晚狗都不叫吠了,官吏也不抓捕老百姓了。现在我们听说您要离任了,故奉送这点儿小钱,聊表心意。"刘宠说:"我的政绩远远不及几位老者说的那样好,倒是辛苦父老了!"老人们一定要他收下,盛情难却,刘宠只好收下几位老人各一文钱。他出了山阴县界,就把钱投到了江里。后人将该江改名为"钱清江"(在今绍兴市境内),还建了"一钱亭"、"一钱太守庙"。从此,"一钱太守"的美称便流传开来。

刘宠入京后,历任宗正大鸿胪、司空、将作大匠、司徒太尉等职。有一次,他出京到外地去,路经亭舍想进去休息一下,官亭舍的小官拒而不纳,说:"我们这里特意整顿洒扫一番,专门等待刘宠大人到来。你有什么资格来住呢?"刘宠听了,一言不发,悄然离去。当时人们听到这件事,都称颂他是一位忠厚的长者。汉灵帝建宁二年(169 年),刘宠被免职返回乡里。后病卒于家中。清初,监察御史杨维乔在刘宠墓前题诗:"居官莫道一钱轻,尽是苍生血作成。向使特来抛海底,苣波赢得有清名。"刘宠清廉俭朴的美德,载在《后汉书·循吏传》,被奉为楷模。

杨震拒金

> 种树者必培其根,种德者必养其心。
>
> ——明·王守仁

东汉荆州刺史杨震要改任莱州太守了。他是悄悄离任的,若要告之下属,张扬出去,地方士绅、长老定要锣鼓喧天地领着四乡百姓送行,定要献上个"廉明清正"之类的牌匾,定要送上荆州的特产,甚至定要以盘缠之名送上银两。可他厌恶这一切。为官的以民为本,为百姓办的好事再多,也是为官的本分,如若接受了这名这物,不就成了以官为本的贪官了吗?

他和老仆只雇了一辆两轮的篷车,装上他的书箱衣物,坐上主仆二人还空了很大的地方。记得来荆州赴任时,也是这些东西,离任时未添物品很让他欣慰。他曾对老仆说过,如果离开荆州时,车中东西多了,他就不是一个清官。"你看,我的东西多了吗?"他问老仆。"似乎还少了些。""那我是以清白之身离开荆州的了。"车上传出主仆二人爽朗的笑声。

杨震本想简装赶路，不再惊扰任何人，可车到昌邑县住进驿馆后，县令王密就到了。“先生到了昌邑，学生不知，未能远迎，罪过，罪过。”王密大汗淋淋地进屋便向杨震施礼。“可你还是知道了。”杨震冷冷地回答。他很不喜欢官场应酬的恶习，更不希望看到王密也学会这些东西。“是驿长禀报我的。”王密看出杨震的不快，“先生是我的恩师，到了我的辖地，我怎能不来拜见呢？”杨震在荆州刺史任上时，见王密是个人才，便举荐他做了昌邑县令。可杨震发现，当年那个英姿勃发的少年才子，如今也变得暮气沉沉了。

掌灯时分，王密又来驿馆拜会杨震，神色诡谲地在屋门外张望片刻后，关上了屋门。杨震警觉地正欲责问王密，王密已从携带的布袋中取出10两黄金悄悄地放到桌上。杨震愀然作色。“这是干什么？”他喝问。“学生的一点心意。”王密在杨震嗔怒的目光下有些慌乱了。“你不知我为官的信条吗？”“学生早知，可现在无人知晓。”“天知、地知、你知、我知，怎么是无人知晓？”杨震强压着怒火，他感到自己的人格受到了侮辱，声音都变得颤抖了。王密被唬得不敢再说半句。“王密啊，”杨震慨叹道，“我当年举荐你，是知你是个贤能之士；可如今，我不知你，你也更不知我了。”王密听罢，羞愧难当，收起桌上的黄金退出了屋。杨震在其身后说：“天知、地知、你知、我知，你要改之啊！”

第二天，晨曦微露，杨震便上路了。他看看车上的物品，还是那样多，唇间露出了一丝微笑。

中国的知识分子自古便以“慎独”作为修身的准则。“慎独”，就是在一人独处的情况下依然严格自律，不做任何违背道义的事情。“杨震拒金”的故事便是对“慎独”最好的诠释。

清正廉洁拒收贿赂的卢怀慎

> 鞠躬尽瘁，死而后已。
>
> ——诸葛亮《后出师表》

卢怀慎，滑州人，武则天时任监察御史，后历任侍御史、御史大夫，玄宗开元元年为宰相。

卢怀慎自知才能不如另一宰相姚崇，因此凡事避让，在任期间的政绩只在于荐贤举能，任宰相三年后病故。一生为官廉洁，家无储蓄，门无遮帘，饮食无肉，妻儿饥寒，生活得很贫穷，是唐代比较清廉的一位宰相。玄宗嘉其美政，为其写有赞词：“专城之重，分陕之雄，亦既利物，内存匪躬，斯为国宝，不坠家风。”

卢怀慎为官清正廉洁，不搜刮钱财，他的住宅和家里的陈设用具都非常简陋。他当官以后，尽管身份高贵，妻子和儿女却仍免不了经常挨饿受冻，但是他对待亲戚朋友却非常大方。

他在东都(洛阳)担当负责选拔官吏的重要公务，可是随身的行李只是一只布口袋。他担任黄门监兼吏部尚书期间，病了很长时间。宋璟和卢从愿经常去探望他。卢怀慎躺在一张薄薄的破竹席上，门上连个门帘也没有，遇到刮风下雨，只好用席子遮挡。卢怀慎平素很器重宋璟和卢从愿，看到他们俩来了，心里非常高兴，留他们待了很长时间，并叫家里人准备饭菜，端上来的只有两盆蒸豆和几根青菜，此外什么也没有。卢怀慎握着宋璟和卢从愿两个人的手说："你们两个人一定会当官治理国家，皇帝寻求人才和治理国家的策略很急迫。但是统治的时间长了，皇帝身边的大臣就会有所懈怠，这时就会有小人乘机接近讨好皇帝，你们两个人一定要记住。"过了没几天，卢怀慎就死了，他在病危的时候，曾经写了一个报告，向皇帝推荐宋璟、卢从愿、李杰和李朝隐。皇帝看了报告，对他更加惋惜。

安葬卢怀慎的时候，因为他平时没有积蓄，所以只好叫一个老仆人做了一锅粥给帮助办理丧事的人吃。玄宗皇帝到城南打猎，来到一片破旧的房舍之间，有一户人家简陋的院子里，似乎正在举行什么仪式，便派人骑马去询问，那人回来报告说："那里在举行卢怀慎死亡两周年的祭礼，正在吃斋饭。"玄宗于是赏赐细绢帛，并因此停止了打猎。

另外人们传说：卢怀慎去世时，他的夫人崔氏不让女儿哭喊，对他说："你们的父亲没死，我知道。你父亲清正廉洁，不争名利，谦虚退让，各地赠送的东西，他一点也不肯接受。他与张说同时当宰相，如今张说收受的钱物堆积如山，人还活着，而奢侈和勤俭的报应怎么会是虚假的呢？"到了夜间，卢怀慎又活了，左右的人将夫人的话告诉了他，卢怀慎说："道理不一样，阴间冥司有30座火炉，日夜用烧烤的酷刑来惩罚发不义横财的人，而没有一座是为我准备的，我在阴间的罪过已经免除了。"说完又死了。

洁身自好五朝廉吏的王翱

从善如登，从恶如崩。

——《国语》

王翱是明朝成祖至景帝的廉吏，在他70岁时，被任命为吏部尚书，一干就是15年，直到去世。他身居官场几十年，尽管位高权重，但他始终保持公正、廉洁的品质。

王翱身居"铨衡重地"，却能用贤治国，深知官贤与否关系到国家的治与乱。他深知一事得人则一事理、一邑得人则一邑安的道理，所以他对选拔官吏极为慎重。在封建官场上请托之风很是盛行，吏部更是钻营的重点对象。但王翱却以“用贤报国为己任”，决不拿手中的权力做交易。对权势者的嘱托，他都“毅然拒之，辞色俱厉”。为了防止别人登门拜谒，他在公务之外的时间常宿于官署，很少回家。所以在他任职期间，“门无私谒，权势请托不敢行”。

王翱的清廉不仅表现在忠于职守上，还表现在治家有法上。他身居朝堂，手握重权，但对自己要求却很严，经常穿破旧衣服。一次，明英宗召见王翱后，王翱转身走时，英宗见其衣服破损，又将他叫回问其中原因，王翱只好说是当天偶尔穿了这件衣服，刚才接到召命没有来得及换衣。对于钱财王翱更是“淡然无欲”，他曾与某监军太监共事，两人关系很好，后他改任两广总督，临行前，太监以四颗西洋明珠相赠，王翱坚决不收。太监哭着说：“这些明珠不是受贿所得，而是先皇将郑和所购得的西洋明珠赐给身边侍臣，我得了八颗，现将其中一半相赠作为纪念。”王翱只好收下，但却把这四颗西洋明珠缝在袄中。后来王翱奉命还朝掌吏部，此时这个太监已死，王翱找到其两位侄子，了解到他们生活困难后，即将从未动过的袄拆开拿出明珠转赠他们。

王翱对家人要求也很严格。他的一个孙子因恩荫而入太学。一年秋试，这位才华平庸的孙子也想一试科场，企图金榜题名。于是他拿着从有关部门弄到的试卷告诉了王翱，王翱坚决反对，说：“如果你确有才华，我当然不阻止你一试身手；如果让你一个平庸之辈中选，势必埋没一个真正有才能的人。可你却强所不能，仅仅为了博取功名。”说完就撕了考卷扔进了火炉。

在原则面前，王翱对家属是寸步不让。王翱有一个女儿，嫁给了在京郊做官的贾杰。王翱夫人十分喜爱这个女儿，经常接女儿回家省亲。每当妻子临行前，贾杰就在她面前埋怨，“岳父把我调回京城，易如反掌，还哪里有这么多麻烦。”女儿将此事告诉了母亲，母亲也觉得有几分道理。一次，王翱夫人乘王翱开怀畅饮之际，婉转请求将女婿调入京城。谁知王翱大怒，拿起案上物打伤了夫人脸面。到王翱去世，贾杰也没有被调回京城。

依法办事公私分明的赵绰

> 勇于断者，不随其似；明于分者，不混其施。
>
> ——《古今图书集成·学行典》

赵绰，隋河东郡（今山西省永济县）人。生卒年不详，赵绰秉性正直刚毅，在北周时以明干见知，职任内史中士。杨坚辅政后，以赵绰清正刚直，引荐为录事参军。

隋文帝统一全国以后，采取了各种

巩固统治的措施，像改革官制兵制，建立科举制度，选用办事能干的官员，严办贪官污吏。经过他的一番整顿改革，政局稳定，社会经济出现了繁荣的景象。

隋文帝还派人修订刑律，废除了一些残酷的刑罚。这本来是件好事，但是隋文帝本人就不完全按照这个刑律办事，往往一时气愤，不顾刑律规定，随便下令杀人。

这种情形，叫大理（管理司法的官署）的官员很为难。大理少卿赵绰觉得维护刑律是他的责任，常常跟隋文帝顶撞起来。

隋文帝曾经下令禁止使用不合标准的钱币。有一次，大兴（隋朝的都城名，今陕西西安市）大街上有人拿次币换好币，被人发现了，捉到衙门里。这件事让隋文帝得知了，隋文帝听说有人竟敢违反他下的禁令，一气之下，就下令把换钱的两个人统统砍头。

赵绰接到命令，赶忙进宫求见隋文帝。他对隋文帝说："这两个人犯了禁令，按刑律只能打板子，不该处死。"隋文帝不耐烦地说："这是我下的命令，不干你的事。"赵绰说："陛下不嫌我愚笨，叫我充当大理官员。现在遇到不依刑律杀人的情况，怎么能说跟我没关系呢？"

隋文帝气冲冲地说："你想撼动大树吗？撼不动你就走开吧！"赵绰说："我只是想劝说陛下改变主意，谈不上想撼动大树。"隋文帝又说："你想触犯天子的威严吗？"赵绰不管隋文帝怎样威吓，还是坚持自己的意见。隋文帝怎样骂他赶他，他也不走。隋文帝没法，很不高兴地进内宫去了。后来，由于别的官员也上奏章谏阻，隋文帝终于取消了杀人的命令。

又有一次，官员辛概被人告发搞不法的迷信活动。隋文帝又命令大理把辛概处死。赵绰上朝对隋文帝说："辛概没有死罪，我不能接受这个命令。"隋文帝气得浑身发抖，说："你想救辛概，就没有你自己的命。"说着，喝令左右侍从把赵绰拉下殿去。赵绰面不改色，说："陛下可以杀我，但是不该杀辛概。"左右侍从真的把赵绰扭下朝堂，剥了他的官服，摘掉他的官帽，准备处斩。这时候，隋文帝也想到杀赵绰太没道理，就派人跟赵绰说："你还有什么话说？"赵绰跪在地上，挺直了腰说："臣一心执法，不怕一死。"隋文帝并不真想杀赵绰，磨蹭了一阵子，气也平了。他想赵绰能忠于执法，毕竟是有利于他的统治的，就把赵绰放了，过了一天，还派人慰问了赵绰。

在大理官署里，有一个官员名叫来旷，听说隋文帝对赵绰不满意，想迎合隋文帝，就背着赵绰给隋文帝上了一道奏章，认为大理衙门执法太宽。隋文帝看了奏章，认为来旷说得很中肯，就把他提升了官职。

来旷自以为受到皇帝的赏识，就昧着良心，诬告赵绰徇私舞弊，把不该赦免的犯人放了。

隋文帝虽然嫌赵绰办事不顺他的

心，但是对来旷的上告，却有点怀疑。他派亲信官员去调查，根本没有这回事。隋文帝弄清真相，勃然大怒，立刻下命令把来旷处死。

隋文帝把这个案子交给赵绰办，认为这一回来旷诬告的是赵绰自己，赵绰不会不同意。哪儿知道赵绰还是说："来旷有罪，但是不该判斩。"

隋文帝很不高兴，袖子一甩，就退朝往内宫去了。赵绰在后面大声嚷着说："来旷的事臣就不说了。不过臣还有别的要紧事，请求面奏。"隋文帝信以为真，就答应让赵绰进内宫。隋文帝问赵绰有什么事。赵绰说："我有三条大罪，请陛下发落。第一，臣身为大理少卿，没有把下面的官吏管好，使来旷触犯刑律；第二，来旷不该处死，臣不能据理力争；第三，臣请求进宫，本来没有什么事，只是因为心里着急，才欺骗了陛下。"隋文帝听到最后几句话，禁不住哑然失笑。旁边独孤皇后(独孤是姓)在座，也很赏识赵绰的正直，命令左右赐给赵绰两杯酒。隋文帝也同意赦免来旷死刑，改判革职流放。

摒弃奢华的张俭

> 岁不寒，无以知松柏；事不难，无以知君子。
>
> ——《荀子·大略》

辽国的圣宗皇帝御驾云州(今山西大同)，他要在云州辖界的莽野山林中狩猎。所经之处，地方官员纷纷拿出所能搜寻到的最贵重的礼品奉献给皇上。可云州太贫瘠了，实在无物可献。

不过，谁也没有料到两袖空空的云州节度使在圣驾莅临之后，不仅泰然自若，而且露出得意的神色。属下猜测，他一定手握宝器了。"皇上，臣下无能，"节度使拜见圣宗说，"臣下境内无物可献。"

"难道连人都没有吗?"圣宗不高兴了。节度使忙叩首道："臣下正要禀告，新科进士、幕官张俭堪称大辽瑰宝，愿献于皇上。"以人为宝，一句气话竟成了真，这是圣宗始料不及的。但这毕竟是个很新奇的事情，圣宗立即召见张俭。张俭晋见，圣宗看他行止朴质无华，先喜爱了几分。接着，圣宗要他讲讲当前治国的紧要问题，张俭不假思索，口若悬河，说出30余条。就像久无收获的觅宝者无意中遇到了梦寐以求的宝藏，圣宗看着眼前这个粗衣布履的年轻人，欣喜若狂了，甚至对狩猎都失去了兴趣。他当即收下了云州节度使的这件"宝物"。

张俭能力超人，一路升迁，直至做到左丞相，但他依然像做云州幕僚时一样温良谦和，依然像寒窗苦读时一样勤俭素朴。穿衣只穿粗布衣，吃饭只吃一种菜，俸禄只要有节余，就去周济亲朋故友。

这可苦了朝上的百官。辽国国力日渐雄厚，奢侈之风也在朝野兴起，官员比着穿锦缎华服，可进宫后望着班前左丞相的粗布旧袍，总令他们忐忑不宁。这种场面是很滑稽的，可了解张俭的人都知道，他是在以身施教，讽喻下属官员，让他们摒弃奢华。这年冬天出奇的冷，张俭上朝奉事，圣宗见他又穿上那件破旧的棉袍上殿，便密令侍者暗中用火夹在张俭的棉袍上烙穿了一个洞作为记号，看他是不是总穿这一件，也好借此为他换上一件新袍。

第二天上朝，圣宗一眼看到张俭棉袍上的烙洞。他还是没换啊，圣宗不禁慨叹一声。一连数日，张俭都穿着破棉袍上朝，圣宗忍耐不住了："张俭，你为什么年年总穿这件旧棉袍?""因为还能穿呀，"张俭说，"这件棉袍已穿了三十年，每年天暖后将它翻洗干净，入冬取出穿上，抵御风寒与新袍无二，因而无需再换新袍了。""可朝中大臣都着华服，你身为丞相，却旧袍披身，他们心中一定很不舒服。"张俭向圣宗躬身施礼，礼罢，庄重地对圣宗道："皇上授臣重任，是让臣辅佐皇上安邦定国。现在朝野上下奢华之风甚浓，再这样下去，就会伤及大辽国体。我身为丞相，只能有制止奢风之责，怎么还能随波逐流也学奢华呢?"圣宗被感动了，他更感觉到张俭这件"瑰宝"的贵重。国之幸也！他在内心呼喊着。"丞相以国为重，甘于清贫，令天下人敬仰。"圣宗很想将赞美之辞都赐给张俭，但他还是决定实现他早已谋划好的计策。"可你的旧袍上有了一个洞，再穿上它有损朝廷的礼仪，还是做件新的吧。你现在就到内府库房，里面所有的物品任你选取。"皇上的旨意是不能违背的，何况是一片好意呢，张俭只好随侍者到内府。很快，张俭捧着三端(古时的布帛长度单位)布回到殿上谢恩。圣宗不解地："张俭，内府库上没有锦缎了吗?""锦缎的色彩把臣的眼睛都映花了。""那你为什么只选了这点点布?""臣已习惯布袍，做一件足矣。"圣宗听罢，长叹一口气，感慨道："天下为官者若都如张俭丞相以勤俭为本，国家何愁不强盛，百姓何愁不富足啊!"

中华民族自古就将勤俭作为衡量人的第一品行。奢华是败国败家的温床，唯有勤俭是治国治家的瑰宝。张俭身在高位，将勤俭身体力行，实为难能可贵。

不为五斗米折腰的陶渊明

> 不戚戚于贫贱，不汲汲于富贵
>
> ——陶渊明

陶渊明(365—427)，晋宋时期诗人、辞赋家、散文家。名潜，字元亮，私谥靖节。浔阳柴桑(今江西九江西南)

人。陶诗沿袭魏晋诗歌的古朴作风而进入更纯熟的境地，像一座里程碑标志着古朴的歌诗所能达到的高度。陶渊明又是一位创新的先锋。他成功地将“自然”提升为一种美的至境；将玄言诗注疏老庄所表达的玄理，改为日常生活中的哲理；使诗歌与日常生活相结合，并开创了田园诗这种新的题材。

陶渊明是中国古代著名的文学家，他不仅诗文非常有名，而且他蔑视功名富贵，不肯趋炎附势的高风亮节也同样很有名。

陶渊明生于公元365年，是中国最早的田园诗人。陶渊明生活的时代，朝代更迭，社会动荡，人民生活非常困苦。公元405年秋天，陶渊明为了养家糊口，来到离家乡不远的彭泽当县令。这年冬天，他的上司派来一名官员来视察，这位官员是一个粗俗而又傲慢的人，他一到彭泽县的地界，就派人叫县令来拜见他。

陶渊明得到消息，虽然心里对这种假借上司名义发号施令的人很瞧不起，但也只得马上动身。不料他的秘书拦住陶渊明说：“参见这位官员要十分注意小节，衣服要穿得整齐，态度要谦恭，不然的话，他会在上司面前说你的坏话。”

一向正直清高的陶渊明再也忍不住了，他长叹一声说：“我宁肯饿死，也不能因为斗米的官饷，向这样差劲的人折腰。”他马上写了一封辞职信，离开了只当了80多天的县令职位，从此再也没有做过官。

从官场退隐后的陶渊明，在自己的家乡开荒种田，过起了自给自足的田园生活。在田园生活中，他找到了自己的归宿，写下了许多优美的田园诗歌。他写农家人生活的悠然自得：“暧暧远人村，依依墟里烟”；他写自己劳动的感受：“采菊东篱下，悠然见南山”；他也写农人劳作的甘苦：“种豆南山下，草盛豆苗稀”、“不言春作苦，常恐负所怀”。

然而，田园生活既是美好的，也是十分艰辛的，不劳作就没有收获，遇到天灾人祸，即使劳作也是一无所获。晚年的陶渊明生活贫困，特别是一场大火把他的全部家当毁于一旦之后，全家人的生活更是雪上加霜。到63岁时，陶渊明在贫病交加中去世。

陶渊明的最大成就，在于他以自己的亲身体验为基础，以自己卓越的诗歌才华，极大地丰富了农事和田园题材的创作。以前诗中罕见的桑、麻、鸡、狗等平凡事物，一经他写入诗中，无不生趣盎然；而他描写大自然的亲切，常常能激起人们的无限向往。

除诗之外，他还给后人留下不少精美的散文，其中最著名的有《桃花源诗并记》等。在这篇作品中，作者描绘了一个乌托邦式的空想社会，在那里没有动乱，没有朝代变更，没有国家君臣，没有徭役赋税，百姓过着丰足、与世无争的美好生活。作者以优美的语言，使这篇作品产生了永久的魅力，以致后世人们一直把这种空想的社会称作“桃花源”。

拒绝重金高官的关天培

古之成大事者，不惟有超士之才，亦有坚忍不拔之志。

——苏轼

关天培，字仲因，号滋圃，1781年1月8日，生于淮安府山阳县(今淮安县)。父亲关自明是个武庠生，并无功名。天培幼年时读过儒书，由于家境贫寒，青年时代就自谋生计，继而投身行伍，当普通士兵。1834年，他被提升为广东水师提督，镇守虎门要塞，直至抗英殉国。至今在民间还流传着很多关于他的小故事：

嘉庆十八年，癸酉(1813年)关天培任扬州营中军守备时，数任县官皆未抓获私铸金币犯而被革职。最后，有人推荐关天培担此任，他用引鱼上钩妙策捉住私铸犯，私铸犯给他重金，被他拒绝。嘉庆二十二年，仁宗皇帝以“军政制府保题年壮技优，晓畅营务”为名，多次引见天培，并连升两级。

道光十四年(1834年)，关天培任广东水师提督，一入南雄，便下《入境告示》：不准送上任银，不许铺张浪费……偏偏顺德有个张玉堂都司，送来34块龙洋，他不仅拒收，还责罚他一番，将他从都司降到把总，连降3级。

关天培一到广东就听人反映十三行总商伍绍荣及东莞巡洋船与鸦片贩内外勾结，走私贩毒。他经实地调查，抓住把柄，与林则徐一起提审这些犯人。伍绍荣说，愿以家资报效关大人。关天培断然说：“本大人不要钱，要你脑袋尔！”接着将东莞巡洋船主斩首示众，大振水师虎威。

道光十九年(1839年)11月4日～13日，10天内，关天培亲率水师连续6次击败英贼的野蛮进犯，迫使英侵略者一直不能以武力打开广州这个重要门户。英侵略者头子查·义律见武力打不开广州门户，便暗中派人星夜送信，允他高官、重金，妄图收买关天培。关怒斥送信者，将其重掷在地上，并挥刀砍下身边碗口粗木棉树，说：“告诉你的主子，高官、重金都收买不了我，我人在广州在，誓与广州共存亡。”

关将军阵亡后，其家人孙长庆，拼命跑上山寻找他的残尸，最后扛着他一条腿下山。英国侵略军钦佩关将军到五体投地，最后，以英国最高礼节放24响礼炮送关将军残尸下山。

关天培是著名的抗英民族英雄。他为巩固祖国南方海防，为根除鸦片祸害，为捍卫祖国的主权，为捍卫中华民族的生存和独立，竭尽心力，鞠躬尽瘁，最后用热血和生命，写下了中国近代史上反侵略斗争的光辉篇章。

不为名利颠倒的居里夫人

明鉴照形，美恶毕见。

——《新唐书》

著名学者爱因斯坦曾经这样评价居里夫人："在我所认识的所有著名人物里面，居里夫人是唯一不为盛名所颠倒的人。"

居里夫人即玛丽·居里，是一位原籍为波兰的法国科学家。她与她的丈夫皮埃尔·居里都是放射性的早期研究者，他们发现了放射性元素钋和镭，并因此与法国物理学家亨利·贝克勒尔分享了1903年诺贝尔物理学奖。之后，居里夫人继续研究了镭在在化学和医学上的应用，并且因分离出纯的金属镭而又获得1911年诺贝尔化学奖。

她有很多感人的事迹，在她上大学的时期，有一次，她正在图书馆里伏案攻读，突然晕倒在地，有的同学找来医生给她做了检查。原来是因为玛丽忘记了吃饭。忘记吃饭，对于玛丽来说已经成为司空见惯的事了。她的姐夫、姐姐常常为这件事操心，玛丽也常常为这件忘却了的事情发笑。每当晚上10点钟，图书馆闭馆了，玛丽才带着惋惜的心情离去，回到自己的小屋里，在煤油灯下继续用功，一直到后半夜2点钟。当她躺在床上休息的时候，又被冻得不得不爬起来，把自己所有的衣服一件一件地全部穿上，再重新躺下。早晨起床的时候，洗脸盆里的水冻成冰块，就连水壶里的水也结成了冰。艰苦的生活，刻苦的学习，弄得这位年轻的姑娘面色苍白、容颜憔悴。然而，在向科学之巅攀登的玛丽，却像那冰山上的雪莲，开得那样火红，放射出绚丽的异彩。在索尔本学院的学位考试中，玛丽以她优异的成绩获得了物理学硕士第一名。从此，玛丽的研究内容扩充到许多方面。在研究金属磁性的试验中，在物理学会的会议席上，玛丽结识了优秀的物理学家皮埃尔·居里。在崎岖的小路上相识，在向科学顶峰的攀登中结成伴侣。从此玛丽·居里成了不可分开的名字。

物理学家亨利·贝克勒尔发现：铀的盐类会发出一种看不见的射线。当时，这种神秘射线的来源对科学家们来说，还是一个算不出答案的难题。居里夫妇正是从解决这个难题入手，开始了他们共同的生活和战斗。他们经过反复的研究和试验，终于从沥青状铀矿里先后发现了放射性元素——"钋"和"镭"。亨利·贝克勒尔的难题攻下以后，居里夫妇并没有停止他们的脚步，而是继续向光辉的顶点前进！当时，几乎所有的化学家、物理学家对于镭的发现都持观望态度。因此，居里夫妇又给自己提出了一个新的攻坚任务：下决心，从沥青状铀矿中取出“相当”分量的镭，拿出“真凭实据”来，证明这种“神秘”射线的存在。

没有钱买沥青状铀矿做试验，他们就用沥青状铀矿的残渣供试验用；没有实验室，他们就借用所在学校的一间简陋的木板房搞实验。两位科学家向大自然的开战就这样开始了。要把大量的矿渣加热，要在盛矿渣的大桶里每次搅拌好几个小时，是一项艰巨的体力劳动。小屋里散发出来的刺激性很强的蒸气使人窒息。居里夫妇正是在这种恶劣的条件下，进行着提取“镭”的不懈的搏斗，为了使实验不间断，他们往往就在这里，边做实验，边做顿简单的饭来充饥。日复一日，年复一年，4 年时间过去了，尽管居里夫妇历尽了千辛万苦，可是把镭分析出来的试验还是没有成功。

不卫生的工作环境又使皮埃尔·居里患上了四肢疼痛的病症。玛丽身上的担子就更重了。她需要把大量的矿渣加热、搅拌，把大桶里的流汁倒出来，如蒸馏、结晶等等。化学处理的繁重劳动，累得玛丽像瘫痪了一样。每到晚上，她照料完孩子，又要开始他们的论文写作，有时整天时间在实验室里度过。这对年轻的夫妇没到过一次戏院、没有去听过一次音乐会，甚至没有访问一次朋友。可是，仅用一年的时间，居里夫妇竟写出过 3 篇震撼世界的科学论文。正像玛丽·居里后来回顾这段艰苦历程时所说：“在这间简陋的木板房子里度过的几年，是我们一生中最有价值的、最幸福的、完全献身于工作的时期。”

1902 年深冬的一个雪夜，居里夫妇肩并着肩、手挽着手，迎着万家灯火，踏着厚厚的积雪，习惯地向他们的实验室走去。当皮埃尔·居里划火柴开门的时候，被玛丽·居里拦住说：“不要点亮。”他们摸黑走进小屋，顿时惊呆了。这间简陋的木板房简直成了一个魔宫：从瓶子里、罐子里、桶里放出一片晶莹的蓝光，特别是那支盛试验产物的玻璃管里，放射出来的光更加强烈。看不见的射线，看见了！神秘的射线揭穿了！他们日思夜想的镭诞生了！可是，谁曾想到这世界上第一克镭竟是居里夫妇从八吨沥青状铀矿的残渣碎屑中，经过整整 4 年的辛勤劳动才提炼出来的。它像镶嵌在科学之巅的一颗明亮的珍珠，被不畏劳苦的居里夫妇亲手摘下来了！这一克镭的诞生包含着居里夫妇多少次失败的教训，多少次胜利的喜悦啊！

居里夫妇发现镭的伟大功绩和获得诺贝尔奖金的荣誉，像一声春雷轰动了整个世界。外国科学界的诚挚邀请电，各地发来的热情贺信，像雪片一样飞来；怀着崇高敬意的来访者络绎不绝；毫不相识的人，请求他们亲笔签名留念；摄影师赶来拍照；新闻记者前来采访……当玛丽·居里还是一个默默无闻的穷学生时，饥饿、寒冷、清贫和冷眼包围着她、侵扰着她，她对这一切曾做出响铮铮地回答:决不屈服!刻苦学习!今天,当百万法郎、灿灿的金质奖章向她微笑的时候;当成功、荣誉、祝贺像潮水般涌来的时候,居里夫妇用坚定的行动,表现了他们具有高贵的品质:毫不夸耀,谦虚忘我!

一次,有一位报社记者前来采访这位科学家,想把她的事迹报道出去。她坚定地回答:“在科学上重要的是研究出来的‘东西’,不是研究者的‘个人’。”

对于研究出来的东西——镭,有几位朋友劝他们申请生产镭的专利权。玛丽·居里代表她的丈夫作出了这样的决定:“不应该这样做。这是违背科学精神的。科学家的研究成果应该公开发表,不受任何限制。——如果我们的发现可以获利,这只是一件偶然的事情,在这上面我们不应该有什么优先权。何况镭是对于病人有好处的……依我看,我们不应当借此来谋利。”他们把这个伟大的发现交给工业界和医学界广泛利用,并不谋求个人的任何私利。

巨额的诺贝尔奖金,一向清贫的居里夫人并不稀罕它,而是把大量的奖金赠送给波兰的大学生、贫困的女友、实验室的助手、没有钱的女学生、教过她的老师、资助过她的亲属。

瑞士的日内瓦大学公开提议,给他们提供优厚的待遇,聘请他们到大学讲学。作为普通中学教师的居里夫妇认为,这样做尽管对自己有利,但会影响甚至会中断他们的研究工作,因而谢绝了,仍旧在他们那间破旧的木板房里做实验。

皮埃尔·居里逝世以后,居里夫人把他们共同研究的成果,价值一百万法郎的镭,无偿地赠送给了一个研究治癌的实验室。她说:“只要能治好病,甚至只要能够使病人减轻一些痛苦,那么我们的工作就不算是徒劳的了。”许多朋友责怪她,没有把这笔财产留给自己的孩子。居里夫人却有自己的见解,她说:“贫困固然不大好受,但是富裕却也没有必要,甚至是很讨厌的。”她要求自己的孩子,用勤劳的双手去开拓自己的生活道路。而她给孩子们留下的却是那独立不羁的精神和鄙视功利的高尚品德。

尊重事实　崇尚诚信

ZUN ZHONG SHI SHI　CHONG SHANG CHENG XIN

尊重事实明辨是非的孔子

兼听则明，偏信则暗。

——《资治通鉴》

孔子(前551—479)，名丘，字仲尼，春秋时期鲁国(今中国山东曲阜)人，是我国古代伟大的思想家和教育家，儒家学派创始人，世界最著名的文学名人之一。编撰了我国第一部编年体史书《春秋》。并且被后世统治者尊为至圣、至圣先师、万世师表。孔子和他创立的儒家思想对中国和朝鲜半岛、日本、越南等地区有深远的影响，这些地区又被称为儒家文化圈。

有一次，孔夫子与众弟子们在陈、蔡的地方被围困，连续困了7天，没有食物可以吃。

弟子们被饿了7天，个个面黄肌瘦，有的弟子，心中因此而忧虑。但此时，孔夫子依然每天不断地学习，弦歌不绝，没有丝毫的埋怨与担忧。

子贡见同学们如此饥饿困顿，便用自己身上的财物，突破重围，到外面换了少许的米回来，希望给大家解解饥。人多米少，颜回与子路便找了一口大锅，在一间破屋子里，开始为大家煮稀粥。子路有事离开了一会儿，恰好此时，子贡从井边经过，一扭头，正好看到颜回拿了一小勺的粥往嘴里送。子贡看了有些不高兴，但他没有上前质问颜回，而是走到了夫子的房间。

子贡见了夫子，行礼后，问夫子："作为一个廉洁仁义的人，会因为穷而改变他的气节吗"孔子回答道："如果在穷困的时候，就改变了气节，那怎么还能算是仁人廉士呢?"

子贡就接着问夫子："像颜回这样的人，该不会改变他的气节吧?"夫子很明确地回答子贡："当然不会。"子贡便将看到颜回偷吃粥的事，告诉了夫子。

夫子听后，并没有很惊讶，说道："我向来相信颜回的人品，虽然你这么说，但我还是不能因为这一件事就怀疑他，可能其中有什么缘故吧，你不要讲了，我先问问他。”

于是，夫子便召了颜回来，对他说：“我前几天梦到了自己的祖先，想必是要护佑我们吧？你粥做好了之后，我准备先祭祀祖先。”

颜回听了，马上恭敬地对夫子说：“夫子，这粥已经不可以用来祭祀先祖了。”

孔子问：“为什么呢？”颜回答道：“学生刚才在煮粥的时候，粥的热气散到了屋顶，屋顶被熏后，掉了一小块黑色的尘土到粥里。它在粥里，就不干净了，学生就用勺子舀起来。要把它倒掉，又觉得可惜，于是便吃了它。吃过的粥再来祭祀先祖，是不恭敬的啊！”

孔子听后说：“原来如此，如果是我，那我也一样会吃了它的。”颜回退出了之后，孔子回头对着几位在场的弟子们说：“我对颜回的信任，是不用等到今天才来证实的。”几位弟子由此受到了深刻的教育，非常信服。

以德报怨的故事

> 虽有嘉肴，弗食，不知其旨也；虽有至道，弗学，不知其善也。
>
> ——《礼记·学记》

春秋无义战，攻城略地，拓展疆土，成了君主们毕生追求的伟业。可百姓谁不渴望过上没有刀光剑影的日子呢？即使是士兵也盼着国界上偃旗息鼓，剑戈入库。梁国和楚国的士兵就是怀着这样的心情，在两国交界处对峙着。

许久没有战事，两国的士兵也就减少了敌意。先是梁国的士兵想着在家乡种田的好时光，手痒痒了，于是在边界梁国一侧种起了瓜。楚国的士兵望着梁国士兵在田间忙碌的样子，很好奇，于是在边界楚国一侧也种上了瓜。

或许因为梁国是小国，更知自励的道理，做起农活儿来非常勤奋，瓜种上后，每天都挑水浇地，松土施肥，眼看着瓜苗茁壮地长起来。

楚国的士兵呢？或许因为楚国是大国，士兵们也养成了傲慢的性情，对农活儿不屑一顾，瓜种上了，却从来没有侍弄过。

初夏，一场痛快的大雨过后，梁国的瓜田像一片翠绿的湖水，风吹叶摆，瓜湖也随之泛起了涟漪。彼邻的楚国瓜田却像被飞蝗啃过似的，稀稀疏疏地趴在地上，没有一点儿生机，可楚国的士兵依然不去补救。勤劳的人最愉快的时光是收获的季节。梁国的瓜田长出了又大又甜的瓜，士兵们每天都到瓜田摘瓜，性急的就在地里打开瓜开怀痛吃。

楚国瓜田里的瓜又瘦又小，可傲

慢的楚国士兵并没有从傲慢中清醒过来，每天望着梁国士兵在瓜田里尽情享受的样子，认为是向他们挑衅，心中的妒火渐渐使他们失去了理智。

夜深了，清脆的虫鸣声像催眠的歌，将欢乐一天的梁国士兵唱入了梦乡。可让妒火煎熬着的楚国士兵睡不着，他们借着虫鸣声的掩护悄悄地跑过边界线，窜入梁国的瓜田，随意地践踏起来。

第二天，快乐的梁国士兵来到瓜田，立即被田中的惨状惊住了。大片的瓜秧成了残枝败叶，破碎的瓜像宴后的残羹铺满了一地。

勤劳的人一定也很谦和。梁国的士兵虽然气愤，但没有随意猜疑毁瓜人。天黑后，他们在瓜田附近隐蔽起来，等着毁瓜人现身。还是在虫鸣清脆的深夜，还是那群楚国士兵跑过国界在瓜田中随意地践踏，还是他们发泄完心中的妒火又悄悄地溜回了楚国一侧。毁瓜事件真相大白。

梁国的士兵愤怒了，他们跑回军营向将军报告楚国士兵毁瓜的事情，请求将军立即下令报复他们。将军听罢，嬉笑着摇摇头说："为什么要相互报复呢？那样会使仇恨越积越紧，最终会酿成大祸。为什么不能以德报怨呢？那样会使仇恨释解，最终会结出硕果。"将军的话使怒火中烧的士兵平静下来。"那我们怎么办呢？""每天晚上悄悄地到楚国的瓜田，替他们浇水。"

又是一个虫鸣清脆的深夜，又是一群士兵越过了边界，不过是从梁国越到楚国，并且每人的肩上还担着两桶满满的水。这样的深夜一天天重复着。楚国瓜田里的瓜也一天天地好起来。傲慢的楚国士兵开始怀疑瓜田的变化了。这次该是他们隐蔽在瓜田旁，该是他们在虫鸣清脆的深夜看到梁国的士兵越过国界，该是他们目睹梁国的士兵为他们担水浇瓜。

他们感动了，因内疚而悔恨不已，连夜向将军禀报了毁瓜浇瓜之事，请求处罚。

士兵的报告震惊了楚国的将军，他知道如果梁国以怨报怨，两国定要燃起战火，现在却适得其反。他深感责任的重大，又将此事呈报给楚王。

楚王接到呈报，感慨万端。他对楚国的大臣们说："梁国的将士有如此的美德，梁王一定是个诚信之人。楚梁两国应该永远修好才是啊！"

从此，梁国和楚国的士兵共同在边界的瓜田上劳作，两国的瓜田很快连成了一个翠绿的湖，风吹瓜叶，瓜湖泛起的涟漪分不出在哪国的土地上波动。两国的百姓终于盼来了不见刀光剑影的日子。

自请伏剑的李离

但立直标，终无曲影。

——旧唐书

李离是春秋时期晋国的理官（掌管刑狱），素以断案公正闻名。

一次，李离的下属办案时贪赃枉法，将真凶放走，把无辜者抓起来，屈打成招。李离失察，判了此人死刑。待此人处死后，李离才醒悟过来，但已铸成不可挽回的大错。他一方面严厉地处罚了下属，一方面缉拿真凶。此案虽然以真正的凶手捉拿归案，冤死者沉冤昭雪而了结，但李离却为自己的错杀而痛苦不堪，终日食不甘味。此案结案后，他给自己戴上枷锁，进宫去见晋文公。

晋文公见李离戴着枷锁进殿，惊疑地问："发生了什么事，让你这个样子来见我？"李离跪下说："我有违大王的信任，身为理官，却错杀了好人。我请求大王依法将我处死，为枉死者偿命。"李离将误判错杀的经过如实地禀告晋文公。晋文公听后，长嘘一气，说："我以为出了什么大事，原来是错判了一个案子。你不要这样自责，凡事办理的过程中总会有失当之处，这就像任用官吏，虽然公允地衡量过每个人的才能，但任命职位时仍难免有偏高偏低的情况出现；审理案件，处以刑罚就更难免出现偏重偏轻的问题。何况这次错判主要是你属下的问题，并不是你的罪过。"

李离丝毫不因晋文公为自己的罪过开脱而自喜，他反驳说："在掌管刑狱的官员中我的职位最高，却从来没有把自己的地位让给属下；享受国家的俸禄我的最多，也从来没有将俸禄分给属下。现在我错判了案子，枉杀了好人，反而把罪责推诿给属下，这是没有道理的。"

晋文公越发钦佩李离，可表面上却怒形于色。他斥问李离："你认为自己有罪，可你这个官是我任命的，那么我也有用人不当之罪了？如果你受处罚，那么我该怎么办？"

李离明白晋文公的用意，但他决心以死来维护国家法律的尊严。他说："国家的法令早已明文规定，执法的官吏给犯人施错了什么刑，自己就要受什么刑；错杀了好人，自己也应被处死。大王是认为我能够秉公执法，才任命我掌管刑狱，可现在我辜负了您的信任，听信诬告，枉杀了好人，依法应该被处死。既然您不忍心下令处死我，就请允许我自己执行吧。"李离说完，拔出剑自刎而死。

执法如山是令人钦佩的，李离因自己违法以自我处决来维护国法的权威和尊严，更令人敬服。在这律己护法的品质后面，我们还看到了李离有了过错不推诿，勇于承担责任的高尚情操。

崇尚诚信的刘备

土扶可城墙，积德为厚地。

——李白

起兵之初的刘备由于没有根基，被曹操追杀，只得带着关羽、张飞、赵云投靠了荆州的刘表。

张武在江夏造反，刘表交给刘备3万人马到江夏平乱。两军对阵时，因张武的战马极其雄骏，引得刘备在阵前赞不绝口。一旁的赵云见主公喜爱之物在张武坐下，挺枪而出，直取张武，战不到三合，将张武挑下马来，随之将战马牵回，献给了刘备。

平乱凯旋，刘表看到刘备的新坐骑健骏超群，称赞不已。刘备正愁无以表达对刘表的感激之情，立即将马送给了刘表。

刘表骑上此马非常得意。他的部将蒯越懂相马之术，对刘表说："此马下有泪槽，额边生白点，名的卢，骑则害主人。张武因此马而亡，主公万不可乘。"刘表细品蒯越的话，很相信，第二天便将的卢马送还给刘备。刘备骑的卢马出城，被刘表的幕僚伊籍拦住。"将军千万不可乘此马。"伊籍恳切地说。刘备忙下马恭敬地向伊籍求教。"我昨日听到蒯越对主公说，此马名的卢，乘之害主，因而今日主公将此马送还将军，将军怎么可以再乘它呢？""谢谢先生的指教，"刘备抚摸着的卢马头说，"可人生死在天，岂是马能左右的呢？"刘备不以为然，依旧骑上的卢马而去。

刘备的到来，引起了刘表的妻子蔡夫人和她的弟弟大将蔡瑁的不满，认为志高远大的刘备一定会将荆州占为己有，于是决定除掉刘备。

蔡瑁代刘表在襄阳宴请百官，请刘备赴宴。席间充满了亲和的气氛，百官纷纷向刘备敬酒。

自从伊籍指出的卢马的利害后，刘备与他便成了知己。此刻，伊籍乘向刘备敬酒时，边使眼色，边悄声说："请更衣。"刘备会意，借口上厕所，离开宴席。"将军快逃吧。"伊籍到后园见到刘备后急切地说："蔡瑁已备下刀斧手，就要下令杀你。"刘备大惊，骑上的卢马，冲出襄阳西门，飞驰而去。

蔡瑁得知刘备逃走，立即带兵追杀。

的卢马快，襄阳城渐远。刘备正暗中庆幸，一条水急浪翻的河拦住了马头。河为檀溪，宽数丈，无桥可行。眼看追兵将到，情急中，刘备纵马下河，孰料仅行数步，的卢马的前蹄便陷到泥里。此刻，已清晰可见追兵在阳光下闪着白光的盔甲，转瞬间便要追到河边。

刘备拼尽力气，扬鞭打马，高呼道："的卢，的卢，你真的要害我吗？"

奇迹发生了。受到鞭笞的的卢马突然扬鬃长嘶，从水中一跃而起，就像腾云一般飞到了西岸。

刘备逃出蔡瑁的追杀，回到新野城。一日在市上见一位鹤骨仙风的先生吟歌走来，像是个贤达之士，便下马拜见。来者姓单名福，果然是个名士。刘备向单福求教平天下的大事，单福却指着的卢马说："此为的卢马，害主，不可乘之。"

刘备说："此言已应验了。"

单福摆摆手："的卢檀溪一跃是救主，但它终要害一个主人的。我有一个办法，将军将它赐给仇人，仇人被的卢伤害后，将军再乘就无妨了。"

刘备听罢，勃然变色："先生明知的卢害主，却让我为自己之利送出害人。我不敢再请教你了。"单福大笑："我是在试探将军的心啊。将军果然是个有仁德之心的人，我愿辅佐将军了。""己所不欲，勿施于人"是孔子的名言，是说自己不愿意做的事情，就不要加在别人身上。刘备"的卢马害主不送人"的故事体现了这种以博爱之心待人，崇尚诚信，蔑视欺诈，让社会充满温馨与和谐的道德风尚。

勇于改过浪子回头的周处

> 人孰无过？过而能改，善莫大焉。
>
> ——《左传·宣公二年》

周处（236—297），字子隐。东吴吴郡阳羡（今江苏宜兴）人，鄱阳太守周鲂之子。

西晋时期，除了像王恺、石崇一类穷奢极侈的豪门官员外，还有一批士族官员，吃饱了饭不干正经事，三五成群聚在一起胡乱吹牛，尽说些脱离实际的荒诞无稽的怪话。这种谈话叫做"清谈"。这种人，往往名气很大，地位很高。这也可见当时风气的腐败了。

但是在官员中，也有比较正直肯干实事的人。像西晋初年的周处就是这样的人。他担任广汉（今四川广汉北）太守的时候，当地原来的官吏腐败，积下来的案件，有 30 年没有处理的。周处一到任，就把积案都认真处理完了。后来调到京城做御史中丞，不管皇亲国戚，凡是违法的，他都能大胆揭发。但周处也不是一开始就这样的，他年轻的时候也犯过一些错误。

周处原是东吴义兴（今江苏宜兴县）人。年轻的时候，长得个子高，力气比一般小伙子大。他的父亲很早就死了，他自小没人管束，成天在外面游荡，不肯读书；而且脾气强硬，动不动就拔拳打人，甚至动刀使枪，义兴地方的百姓都害怕他。

义兴邻近的南山有一只白额猛虎，经常出来伤害百姓和家畜，当地的猎户也制服不了它。

当地的长桥下，有一条大蛟（一种鳄鱼），出没无常。义兴人把周处和南山白额虎、长桥大蛟联系起来，称为义兴“三害”。这“三害”之中，最使百姓感到头痛的还是周处。

有一次，周处在外面走，看见人们都闷闷不乐。他找了一个老年人问：“今年年成挺不错，为什么大伙那样愁眉苦脸呢?”老人没好气地回答：“三害还没有除掉，怎样高兴得起来?”周处第一次听到“三害”这个名称，就问：“你指的是什么三害。”老人说：“南山的白额虎，长桥的蛟，加上你，不就是三害吗?”周处吃了一惊。他想，原来乡间百姓都把他当作虎、蛟一般的大害了。他沉吟了一会，说：“这样吧，既然大家都为‘三害’苦恼，我把它们除掉。”过了一天，周处果然带着弓箭，背着利剑，进山找虎去了。到了密林深处，只听见一阵虎啸，从远处窜出了一只白额猛虎。周处闪在一边，躲在大树背面，拈弓搭箭，“嗖”的一下，射中猛虎前额，结果了它的性命。周处下山告诉村里的人，有几个猎户上山把死虎扛下山来。大家都挺高兴地向周处祝贺，周处说：“别忙，还有长桥的蛟呢。”又过了一天，周处换了紧身衣，带了弓箭刀剑跳进水里去找蛟去了。那条蛟隐藏在水深处，发现有人下水，想跳上来咬。周处早就准备好了，在蛟身上猛刺一刀。那蛟受了重伤，就往江的下游逃窜。周处一见蛟没有死，紧紧在后面盯住，蛟往上浮，他就往水面游；蛟往下沉，他就往水底钻。这样一会儿沉，一会儿浮，一直追踪到几十里以外。3 天 3 夜过去了，周处还没有回来。大家议论纷纷，认为这下子周处和蛟一定两败俱伤，都死在河底里了。本来，大家以为周处能杀死猛虎、大蛟，已经不错了；这回“三害”都死，大家喜出望外。街头巷尾，一提起这件事，都是喜气洋洋，互相庆贺。没想到到了第四天，周处竟安然无恙地回家来了。人们大为惊奇。原来大蛟受伤以后，被周处一路追击，最后流血过多，动弹不得，终于被周处杀死。

周处回到家里，知道他离家 3 天后，人们以为他死去，都挺高兴。这件事使他认识到，自己平时的行为被人们痛恨到什么程度了。

他痛下决心，离开家乡到吴郡找老师学习。那时候吴郡有两个很有名望的人，一个叫陆机，一个叫陆云。周处去找他们，陆机出门去了，只有陆云在家。周处见到陆云，把自己决心改过的想法诚恳地向陆云谈了。他说：“我后悔自己觉悟得太晚，把宝贵的时间白白浪费掉。现在想干一番事业，只怕太晚了。”陆云勉励他说：“别灰心，您有这样决心，前途还大有希望呢。一个人只怕没有坚定的志气，不怕没有出息。”

打那以后，周处一面跟陆机、陆云学习，刻苦读书；一面注意自己的品德修养。他的勤奋好学的精神受到大家的称赞。过了一年，州郡的官府都征召他出来做官。到了东吴被晋朝灭掉以后，他就成为晋朝的大臣。

知错就改不固执己见的刘邦

忠言逆耳利于行，良药苦口利于病。

——《汉书》

汉高祖刘邦（前 256—前 195）是西汉王朝的开国皇帝，字季，秦朝泗水郡沛县（今江苏沛县）人，谥号高皇帝。在秦末农民战争中因为被项羽立为汉王，所以在战胜项羽建国时，国号定为“汉”，因为定都长安，为了和后来刘秀建都洛阳的“汉”区别，历史上称为“西汉”。

公元前 207 年，刘邦率大军到咸阳后，进入秦宫探看。但见宫室华丽，各处宝物不计其数，都是他从未见到过的。每到一处，许多美丽的宫人向他跪拜。他越看越感到新奇，兴味也越来越浓。于是，打算就住在宫内享受一番。刘邦的部将樊哙发现刘邦要住在宫中，问他说：“沛公是想有天下呢，还是只想当一个富家翁呢?”刘邦回答说：“我当然想有天下。”樊哙真诚地说：“臣进入秦宫里，见到里面的珍奇财宝不可胜数，后宫中美人数以千计，这些都是导致秦朝灭亡的东西啊。望沛公迅速返回灞上，千万不要留在宫中。”刘邦对樊哙的劝谏不以为然，还是准备住在宫中。

谋士张良知道这件事后，对刘邦说：“秦王无道，百姓造反，打败了秦军，沛公才能来到这里。您为天下除掉害民的暴君，理应克勤克俭。如今刚入秦地，就想享乐。俗语说：‘忠诚正直的劝告往往不顺耳，但有利于行为；有效的药吃的时候很苦，但有利于疾病。’希望沛公听从樊哙的忠告。”刘邦听了，终于醒悟过来，马上下令将府库封起来，关掉宫门，随即率军返回灞上。

弃佛从学乐观豁达的陆羽

知人知智，自知者明。

——《老子》

陆羽（733—804），字鸿渐，汉族，唐朝复州竟陵（今湖北天门市）人，一名疾，字季疵，号竟陵子、桑苎翁、东冈子，又号“茶山御史”。一生嗜茶，精于茶道，以著世界第一部茶叶专著——《茶经》闻名于世，对中国茶业和世界茶业发展做出了卓越贡献，被誉为“茶仙”，尊为“茶圣”，祀为“茶神”。

陆羽出身贫寒，命运不济，3 岁时孤苦伶仃，为竟陵龙盖寺智积禅师收养；9 岁时积公教他佛学经典，他不愿意学，便对师傅说：“我只身一人，进入沙门念佛，我家岂不绝后？人们能说我讲孝道吗?”于是偷偷学习了孔子的学说，积公知道后，罚其在寺中充当苦役，但他仍不屈服。陆羽在师傅的监督下无法很好地学习，内心惶恐，自叹光阴易逝、学无长进，于是收起僧衣，擅自离开寺院，加入了戏子班，学演木偶戏、参军戏和幻术。积公找到他后骂他佛道丧尽，深为惋惜，但念佛门弟子12个时辰中允许一个时辰学点佛经以外的东西，以降服异端，因此要他扔掉乐工，钻研儒学。天宝年间，遇河南依李奇物，出任竟陵守，对他的聪明好学十分赏识，亲赠诗书，收于府中，并送他到火门山邹夫子处读书，自此陆羽在文学上得到了深造。

陆羽自幼好学，个性倔强，意志坚定，为人刚直，清高达观。他酷爱自然之美，反对扼杀个性自由的传统与环境，具有积极上进和乐观的高尚心灵。陆羽既不知父母，又没有兄弟，形单影只，并且自幼口吃，其貌不扬，这种境遇委实不幸，一般人也会自暴自弃，无所作为了，可是陆羽却把自己的缺陷和逆境当作自己上进的动力。他的姓名取自占卜卦文，以积公的姓（陆）为姓，并按《易经》占卦，占得《蹇》之《渐》卦，卦辞是："鸿渐于陆，其羽可为仪"，因而取名陆羽，字鸿渐。他认为自己不仅容貌与王粲、张载相似，口吃与司马相如和杨雄类同，而且也具有这几位文人的雄才大略。这种占卦择名、集才自喻的玩世之举，这种达观精神，实为古今中外所罕见。

正如《陆羽传》和《陆文学自传》所述：陆羽"见人为善，若以有之，见人不善，若以羞之，苦言逆耳，无所回避"。

胸襟宽广不以出身论英雄的狄青

> 目锐形无不分，心敏则理无不达。
>
> ——（梁）刘勰

狄青（1008—1057），字汉臣，汉族，北宋汾州西河（即今山西汾阳）人。面有刺字，善于射。从小就出身贫寒，宋仁宗宝元元年为延州指挥使，英勇并善于谋略，在宋夏战争中，他每战披头散发，戴铜面具，冲锋陷阵，立下了累累的战功。

狄青本是京城禁军里的一个普通兵士。他从小练得一身武艺，骑马射箭，样样精通，加上胆壮力大，后来被选拔做了小军官。西夏的元昊称帝以后，宋仁宗派禁军到边境去防守，狄青被派到陕西保安（今陕西志丹）。

不久，西夏兵进攻保安。保安的宋军多次被西夏兵打败，兵士们一听说打仗都有点害怕。守将卢守勤为了这件事正在发愁。狄青主动要求让他担任先锋，抗击西夏军。卢守勤见狄青愿意当先锋，自然高兴，就拨给他一支人马，跟前来进犯的西夏军交战。

狄青每逢上阵，先换了一身打扮。他把发髻打散，披头散发，头上戴着一个铜面具，只露出两只炯炯的眼睛。他手拿一支长枪，带头冲进敌阵，东挑西杀。西夏兵士自从进犯宋境以来，没有碰到过这样厉害的对手。他们看到狄青这副打扮，已经胆寒了。经狄青和宋军猛冲了一阵，西夏军的阵脚大乱，纷纷败退。狄青带领宋军冲杀过去，打了一个大胜仗。

捷报传到朝廷，宋仁宗十分高兴，把卢守勤提升了官职，狄青提升 4 级。宋仁宗还想把狄青召回京城，亲自接见。后来因为西夏兵又进犯渭州，调狄青去抵抗，不得不取消了召见的打算，叫人给狄青画了肖像，送到朝廷去。

以后几年里，西夏兵不断在边境各地进犯，弄得地方不得安宁。狄青前后参加了 25 次大小战斗，受了 8 次箭伤，从没有打过一次败仗。西夏兵士一听到狄青的名字，就吓得不敢跟他交锋。

范仲淹刚到陕西的时候，有人向他们推荐，当地军官中有个狄青，英勇善战，有大将的才干。范仲淹正需要将才，听了这话，很感兴趣，立刻召见狄青，问他读过什么书，狄青出身兵士，识字不多，要他说读过什么书，他答不上来。范仲淹劝他说："你现在是个将官了。做将官的如果不能博古通今，只靠个人的勇敢是不够的。"接着，他还介绍狄青读一些书。

狄青见范仲淹这样热情鼓励他，十分感激。以后，他利用打仗的空隙时间刻苦读书。过了几年，他把秦汉以来名将的兵法都读得很熟，又因为立了战功，不断得到提升，名声更大。后来，宋仁宗把他调回京城，担任马军副都指挥。

宋朝有个残酷的制度。为了防止兵士开小差，在兵士的脸上刺上字。狄青当小兵的时候也被刺过字。过了 10 多年，狄青当了大将，但是脸上还留着黑色的字迹。

有一次，宋仁宗召见他以后，认为当大将脸上留着黑字，很不体面，就叫狄青回家以后，敷上药，把黑字除掉。狄青说："陛下不嫌我出身低微，按照战功把我提到这个地位，我很感激。至于这些黑字，我宁愿留着，让兵士们见了，知道该怎样上进！"

宋仁宗听了，很赞赏狄青的见识，更加器重他。后来，因为狄青多次立功，被提拔为掌握全国军事的枢密使。一个小兵出身的人当上枢密使，这是宋朝历史上从来没有过的事。有些大臣嫌狄青出身低，劝仁宗不该把狄青提到这么高的职位，但是宋仁宗这时候正在重用将才，没有听这些意见。狄青当了枢密使，有人总觉得他的出身和地位太不相称。有一个自称是唐朝名相狄仁杰后代的人，拿了狄仁杰的画像，送给狄青说："您不也是狄公的后代吗？不如认狄公作祖宗吧！"狄青谦虚地笑了笑说："我本来是个出身低微的人，偶然碰到机会得到高位，怎么能跟狄公高攀呢？"

独立思考敢于质疑的李时珍

君子不以形迹疑人，亦不以言语信人。
——（清）申居诚

李时珍（约 1518～1593），字东璧，晚年自号濒湖山人。蕲州人，生于蕲州亦卒于蕲州。李时珍是中国明朝也是中国历史上最著名的医学家、药学家和博物学家之一，其所著的《本草纲目》是本草学集大成的著作，对后世的医学和博物学研究影响深远。

明世宗即位 40 年，尽情享乐，但是他又担心自己一天天衰老下去，有朝一日死掉，快活日子就过不下去。于是，他就千方百计寻找一种长生不老的药方。

公元 1556 年，朝廷下令各地官吏推荐名医。当时封在武昌的楚王，把正在王府里的医生李时珍荐给太医院。李时珍是蕲州（今湖北蕲春）人。他的祖父、父亲都当过医生。父亲李言闻对药草很有研究，李时珍从小受父亲的影响，常常跟小伙伴一起上山采集各种药草。日子一长，他能认得各种草木的名称，还能知道什么草能治什么病。他的医药知识渐渐丰富起来。

但是，在那个日子里，做一个普通医生是被上层社会看不起的。李言闻自己是医生，却要李时珍读书应科举考试。李时珍在父亲督促下，在 14 岁那年考中秀才，但是以后参加举人考试，3 次都没有考中。别人都替他可惜，李时珍却并不因此失望。他的志愿是做个替百姓治病的好医生。打那时候起，李时珍就一心一意跟他父亲学医。正好在这一年，他的家乡发生一场大水灾，水退以后，又流行疫病，生病的都是没钱的穷百姓。李时珍家并不宽裕，但是父子俩都很同情穷人，穷人找他们看病，他们都悉心医治，不计报酬。老百姓认为他们医术高明，治病热心，都很感激他们。

李时珍为了研究医术，读了许多古代的医书。我国古代很早就有了医书。汉朝人写过一本《神农本草经》，以后1 000多年，不断出了许多新的医书。李时珍常常替当地的王公贵族看病，那些贵族家里藏书不少，李时珍就靠他行医看病的方便，向王公贵族家借图书看。这样一来，他的学问就越来越丰富，医术也越来越高明了。

李时珍的名气越来越响，被他看好病的人，到处宣传李医生好。附近州县得病的人，也赶来请李时珍看病。

有一次，楚王的儿子得了一种抽风的病。楚王府虽然也有医官，但是谁都没法治好。这孩子是楚王的命根子，楚王怎么不着急？有人告诉楚王，只有找李时珍，才能治好这种病。楚王赶快派人把李时珍请到王府。李时珍一看病人的脸色，再按了按脉，就知道孩子得的这种抽风病是肠胃病引起的。他开个调理肠胃的药方，叫人上药铺抓了药。楚王的儿子一吃药，病就全好了。

楚王十分高兴，再三挽留李时珍在楚王府呆下来。没有多少日子，正碰上朝廷征求人才。楚王为了讨好明世宗，就把李时珍推荐到北京太医院去。

太医院本来是国家最高的医疗机构。可是在那时候，明世宗对真正的医学并不重视，却迷信一批骗人的方士，在宫里做道场，炼金丹，想凭这些办法使自己长生不老。李时珍是一个正直的医生，看不惯那种乌烟瘴气的环境。他在太医院待了一年，就辞职回家。

李时珍辞去官职，回家的路上，顺便游历了许多名山胜地。他上山不是为了欣赏景色，而是为了采草药，研究各种草木的药用性质。有一次，他到均州（今湖北均县）的武当山去，听说那里产一种榔梅，吃了能使人返老还童，人们把它称作“仙果”。宫廷的贵族都把它当作宝贝一样，要地方官吏年年进贡，并且禁止百姓采摘。李时珍可并不相信真有什么仙果。为了弄清真相，他冒着危险，攀登悬崖峭壁，采到了一颗榔梅，带回家乡。经过他详细研究，才知道那种果子只不过像一般梅子一样，有生津止渴的作用，根本谈不上什么“仙果”。

李时珍从长期的医疗工作和采集药物的过程中，得到了不少科学的资料。他发现古代医书上的记载，有不少错误；再说，经过那么多年代，人们又陆续发现了许多古代书上没有记载过的药草。他就决心编写一本新的完备的药书。辞职回家以后，他花了将近30年的时间，写成了著名的医药著作《本草纲目》。在这本书里，一共记录了1892种药，收集了1万多个药方，为发展祖国的医药科学做出了伟大的贡献。

《本草纲目》出版以后，一直流传到全世界，已经被翻译成日文、德文、英文、法文、俄文、拉丁文等许多种文字，在世界医药界中占有重要的地位。

至于那个迷信炼丹、一心想长生不老的明世宗，不但没有能长生不老，却因为误服了有毒的“金丹”，丢了性命。明世宗死后，他的儿子朱载垕即位，就是明穆宗。

亲身探索以理服人的徐霞客

> 断，失于太速；察，伤于太精。
>
> ——《新唐书》

徐霞客（1587～1641），名弘祖，字振之，号霞客，汉族，南直隶（今江苏省）江阴人。他是明朝末期地理学家、探险家，旅行家和文学家。他经30年考察撰成的260多万字（遗失达200多万字，只剩下60多万字）《徐霞客游记》开辟了地理学上系统观察自然、描述自然的新方向；既是系统考察祖国地貌地质的地理名著，又是描绘华夏风景资源的旅游巨篇，还是文字优美的文学佳作，在国内外具有深远的影响。近年，视徐霞客为游圣，步徐霞客足迹，游览祖国大好河山已成为中国旅游界的崭新时尚。

当明王朝闹得乌烟瘴气的时候，在江阴地方有个青年，不满朝政腐败，不愿应科举考试谋求做官，却立志游历祖国的名山大川，探索自然的奥秘。他就是我国历史上杰出的地理学家徐霞客。

徐霞客从小爱读历史、地理一类书籍、图册。在私塾读书的时候，老师督促他读儒家经书，他往往背着老师，把地理书放在经书下面偷看，看到出神的时候，禁不住眉飞色舞。10岁那年，他的父亲死去，他决心亲自到名山大川去游历考察一番。但是他想到母亲年纪老了，家里没人照顾，没敢提这件事。他的心事毕竟被母亲觉察到了。当母亲了解到他有这样的愿望，跟他说："男儿志在四方，哪能为了我留在家里，做篱笆下的小鸡、马圈里的小马呢？"母亲为他准备行装，还给他缝制了一顶远游冠。有了母亲的热情支持，徐霞客远游的决心更坚定了。

徐霞客在他22岁那年，开始离家外出游历。他先后游历了太湖、洞庭山、天台山、雁荡山、泰山、武夷山和北方的五台山、恒山等名山。每次游历回家，他跟亲友谈起各地的奇风异俗和游历中的惊险情景，别人都吓得说不出话来，他母亲却听得津津有味。

后来，老母亲死了，徐霞客就把他全副精力扑在游历考察的事业上。在他50岁那年，他开始了一次路程漫长的旅行。他花了整整4年时间，游历了湖南、广西、贵州、云南4省，一直到我国边境腾冲。他跋山涉水，到过许多人迹不到的地方，攀登悬崖峭壁，考察奇峰异洞。有一次他在腾冲经过一座高耸的山峰，发现悬崖上有一个岩洞，根本没路可通。他冒着生命危险，像猿猴一样爬上了悬崖，终于到达了洞口。

又有一次，他在湖南茶陵，听说当地有个麻叶洞，洞里有神龙或者精怪，不是有法术的人，都不敢进洞。徐霞客不信神怪，他出了高价雇个当地人当向导，进洞考察。正要进洞的时候，向导问他是什么人，当他知道徐霞客是个普通读书人的时候，向导吓得直往后退，说："我以为您是什么法师，才敢跟您一起进洞，原来是个读书人，我才不冒这个险呢。"徐霞客并不罢休，带着他的仆人举起火把进洞。村里的百姓听到有人进洞，都拥到洞口来看热闹。徐霞客在洞里考察了很久，一直到火把快烧完才出来。围在洞口的百姓看他们安全出洞，都十分惊奇，说："我们等了好久，以为你们一定给妖精吃了呢。"

徐霞客漫游西南的时候，除了随身的一个仆人外，还有一个名叫静闻的和尚和他们作伴。有一次，他们在湘江乘船的时候，遇到了强盗，他们的行李财物被抢劫一空，静闻和尚因为受伤，在半路上死去。到最后，连他随身的仆人也离开他逃走了。但是这些挫折都没有动摇他探索自然的决心。

徐霞客在旅途中，每天晚上休息之前，把当天见到的听到的都详细记录，即使在荒山野林里露宿的日子，也总是在篝火旁，伏在包袱上坚持写日记。公元1641年徐霞客去世后，留下了大量日记，这实际上是他的地理考察记录。经过他的实地考察，纠正了过去地理书上记载的错误，发现了过去没人记载过的地理现象。像古代地理书上说岷江是长江的上游，徐霞客经过考察，弄清楚长江上游不是岷江而是金沙江。又像他在云南腾冲打鹰山考察的时候，发现了那里曾经发生火山爆发的遗迹。他在游历中考察最多的是岩溶现象，在桂林七星岩，他对那里千姿百态的石钟乳、石笋、石乳等地形，进行详细的记载。这是世界上最早研究岩溶现象的记录。后来，人们把他的日记编成一本《徐霞客游记》。这部书不但是我国古代地理学上宝贵文献，还称得上一部优秀的文学著作呢！

追求真理的富兰克林

> 人不能像走兽那样活着，应该追求知识和美德。
>
> ——但丁

本杰明·富兰克林(1706～1790)是18世纪美国的实业家、科学家、社会活动家、思想家、文学家和外交家。他是美国历史上第一位享有国际声誉的科学家和发明家。为了对电进行探索，他曾经做过著名的"风筝实验"，在电学上成就显著。

1745年冬天，电学界传出了一个惊人的消息。德国的科学家克莱斯特和荷兰的科学家马森布罗克几乎同时发现了电震现象和制作了莱顿瓶。电是什么呢？看不见、摸不着、稍纵即逝、一瞬而过，所以人们无法保存，用起来很不方便。莱顿瓶就是为电而造的一座"仓库"。莱顿瓶因诞生在莱顿城而得名。它的构造是在玻璃瓶的内外表面都贴上锡箔，电荷经由一根黄铜链穿过瓶塞进入瓶内，积累在锡箔上。当人接触到带电的莱顿瓶时，就会受到强烈的电击。同时它还会产生出电火花和"噼噼啪啪"的爆裂声。莱顿瓶第一次实现了使电可以人工控制的梦想，为人们进行电学研究创造了条件。

当时很多科学家都用莱顿瓶做过

实验，富兰克林也是其中之一。他注意到电火花发出的光和爆裂声，心想，这或许可能是一种非常微小的闪电和雷鸣。要不然，从另一个角度来看，天上威严的雷鸣电闪，恐怕就是由地球和天空这整个行星所构成的巨大莱顿瓶中电的相互作用呢。

因此，富兰克林决定做一个实验。

1752 年 7 月的一天，天气闷热，天色很暗，富兰克林和他的儿子一起，来到渺无人迹的旷野里。他们准备了一个大风筝，这个风筝是用丝绸做的，风筝的顶端安有一段长长的铁丝，牵引风筝的是一根麻绳，绳的末端系着一块绸带，在绸带和麻绳之间还挂了一把钥匙。他们还带来了一个莱顿瓶。突然间天空乌云滚滚，雷声隆隆，捕捉天电的好时机到来了。他们立即行动起来，风筝迅速地被放入高空。

随着风云积集，一道耀眼的闪电划破长空。一块雨云从风筝上空迅速地滚了过去，倾盆大雨自天而降。富兰克林站在屋檐下仔细地观察着风筝的每一个细节。他发现牵引风筝的绳索上毛茸茸的纤维一下子竖立了起来，就像实验室中毛皮带电的情形一模一样。富兰克林小心地用手触了触钥匙，只听“噼啪”一响，一个蓝色的电火花跳了出来，他的手腕一阵发麻。这说明，风筝上的铁丝传导了雷电，被淋湿了的牵引线绳又把雷电传到了下面的金属钥匙上。接着，富兰克林再把风筝升高一些，把钥匙接在莱顿瓶上，开始将雷电储存起来。富兰克林的预言被证实了。闪电确实是一种放电现象，它和实验室里的电火花完全一样。电闪雷鸣就是天空中的莱顿瓶在放电，雷雨云是一个电极，大地是另一个电极。举世闻名的电风筝“费城实验”，打破了天电的“圣火”之类的神话，科学地说明：闪电、雷鸣是电造成的。

在这次实验中，富兰克林真是侥幸，他深知这次实验有多危险，这可致人于死命。但是，为了探求真理，他将个人的安危置之度外。第二年的 7 月 26 日，俄国的两位科学家为了重做这一试验，付出了生命的代价，被闪电当场击死。

富兰克林的实验和观察促使了避雷针的发明。这是电学的首次重要应用，也是当时唯一的应用。富兰克林建议在建筑物屋顶设置尖头金属杆，并把与多属杆相连接的导线引到地面，这种避雷针能使云层安全放电，因而能保护建筑物本身。1782 年，仅费城一地采用的避雷针就有 400 根。富兰克林抵挡住了天神宙斯的大炮。200 多年过去了，避雷针仍然忠实地屹立在世界各地的高大建筑物上。

富兰克林在电学理论方面也做出了不可估量的贡献。富兰克林创造了许多电学用语，这些词汇在现代电学中仍然使用，例如：正电、负电、电池、电容器、充电、放电、电击、电工、电枢、电刷、导体等等。

他根据实验提出了著名的“电荷

守恒”概念，并用数学上的正负概念来表示两种电荷的性质。他说明了电的来源和在物质中存在的现象，以及某些电介质的特性。

富兰克林对科学的贡献远不止这些，他还有许许多多的发明创造，尤其著名的是改进了火炉，发明了老年人戴的双焦距眼镜。他设计了一种结构合理，既可节省燃料又容易散热的新式火炉，后来被命名为“富兰克林式”火炉。火炉发明后，有人曾建议他申请专利权，并说：“您为人类造了福，所以您应该拥有专利权，作为我们对您的发明的酬谢。”富兰克林却说：“不，该受我酬谢的人可多着呢，难道我们在日常生活中享受别人的发明还少吗？我觉得，要是我做出了一点小小的发明，我应该把这个发明慷慨地献给大家，作为我享受别人发明的酬谢。”

富兰克林不仅是美国历史上的第一位科学巨人，他还是美国人民的伟大儿子。在北美人民争取独立的斗争中，他不止一次出使伦敦，代表北美人民的利益与英国殖民当局进行面对面的斗争，迫使英国废除强加在北美人民头上的不合理条款。在美国独立战争期间，老年的富兰克林代表初建的美国出使法国，为赢得法国的同情与支持取得了圆满的成功。因为人类已经进入了理性的时代，有知识有觉悟的法国人完全拜倒在这位曾经驯服了空中闪电并将它引到地面的伟人的脚下。美国的胜利诞生，大可归功于那只飞翔在雷雨中的风筝！

在晚年，他还对科学充满了希望，他曾这样写道：“科学的迅速发展使我有时感到遗憾，我出生得太早了。”

开放思想 不迷信权威

KAI FANG SI XIANG BU MI XIN QUAN WEI

坚持真理破除迷信的西门豹

> 难莫大于辨邪正。
>
> ——《宋史》

西门豹是中国战国时期魏国人，生卒年不详，在魏文侯时任邺(今河南省安阳市区北 18 千米处)令，是著名的政治家、军事家、水利家，曾立下赫赫战功。同时，他又是一位无神论者，民间流传着他很多破除迷信的小故事。

魏文侯时，西门豹任邺县令。他到邺县，会集地方上年纪的人，问他们有关老百姓疾苦的事情。这些人说："苦于给河伯娶媳妇，因为这个缘故，本地民穷财尽。"西门豹问这是怎么回事，这些人回答说："邺县的三老、廷掾每年都要向老百姓征收赋税搜刮钱财，收取的这笔钱有几百万，他们只用其中的二三十万为河伯娶媳妇，而和祝巫一同分那剩余的钱。到了为河伯娶媳妇的时候，女巫巡查时看到小户人家的漂亮女子，便说'这女子合适作河伯的媳妇'。马上下聘礼娶去。给她洗澡洗头，给她做新的丝绸花衣，让她独自居住并沐浴斋戒；并为此在河边上给她做好供闲居斋戒用的房子，张挂起赤黄色和大红色的绸帐，这个女子就住在那里面，给她备办牛肉酒食。这样经过十几天，大家又一起装饰点缀好那个像嫁女儿一样的床铺枕席，让这个女子坐在上面，然后把它浮到河中。起初在水面上漂浮着，漂了几十里便沉没了。那些有漂亮女子的人家，担心大巫祝替河伯娶她们去，因此大多带着自己的女儿远远地逃跑。也因为这个缘故，城里越来越空荡无人，以致更加贫困，这种情况从开始以来已经很长久了。老百姓中间流传的俗语有'假如不给河伯娶媳妇，就会大水泛滥，把那些老百姓都淹死'的说法。"西门豹说："到了给河伯娶媳妇的时候，希望三老、巫祝、父老都到河边去送新娘，有幸也请你们来告诉我这件事，我也要去送送这个女子。”这些人都说：“好。”

到了为河伯娶媳妇的日子，西门豹到河边与长老相会。三老、官员、有钱有势的人、地方上的父老也都会集在此，看热闹来的老百姓也有二三千人。那个女巫是个老婆子，已经70岁。跟着来的女弟子有10来个人，都身穿丝绸的单衣，站在老巫婆的后面。西门豹说：“叫河伯的媳妇过来，我看看她长得漂亮不漂亮。”人们马上扶着这个女子出了帷帐，走到西门豹面前。西门豹看了看这个女子，回头对三老、巫祝、父老们说：“这个女子不漂亮，麻烦大巫婆为我到河里去禀报河伯，需要重新找过一个漂亮的女子，迟几天送她去。”就叫差役们一齐抱起大巫婆，把她抛到河中。过了一会儿，说：“巫婆为什么去这么久？叫她弟子去催催她！”又把她的一个弟子抛到河中。又过了一会儿，说：“这个弟子为什么也去了这么久？再派一个人去催催她们！”又抛一个弟子到河中。总共抛了3个弟子。西门豹说：“巫婆、弟子，这些都是女人，不能把事情说清楚。请三老替我去说明情况。”又把三老抛到河中。西门豹插着笔，弯着腰，恭恭敬敬，面对着河站着等了很久。长老、廷掾等在旁边看着的都惊慌害怕。西门豹说：“巫婆、三老都不回来，怎么办？”想再派一个廷掾或者长老到河里去催他们。这些人都吓得在地上叩头，而且把头都叩破了，额头上的血流了一地，脸色像死灰一样。西门豹说：“好了，暂且留下来再等他们一会儿。”过了一会儿，西门豹说：“廷掾可以起来了，看样子河伯留客要留很久，你们都散了吧，离开这儿回家去吧。”邺县的官吏和老百姓都非常惊恐，从此以后，不敢再提起为河伯娶媳妇的事了。

西门豹接着就征发老百姓开挖了12条渠道，把黄河水引来灌溉农田，田地都得到灌溉。在那时，老百姓开渠稍微感到有些厌烦劳累，就不大愿意。西门豹说：“老百姓可以和他们共同为成功而快乐，不可以和他们一起考虑事情的开始。现在父老子弟虽然认为因我而受害受苦，但可以预期百年以后父老子孙会想起我今天说过的话。”直到现在邺县都能得到水的便利，老百姓因此而家给户足，生活富裕。

广开言路不偏听偏信的邹忌

> 求言非难，听之难；听之非难，察而用之难。
>
> ——《宋史》

邹忌，《史记》作驺忌子，齐人。田齐桓公时就任大臣，威王时为相，封于下邳（今江苏邳县西南），号成侯，后又事齐宣王。

齐威王立志改革，思贤若渴。邹忌鼓琴自荐，被任为相国。他劝说威王奖励群臣吏民进谏，主张修订法律，监督官吏，严明赏罚，并选荐得力大臣坚守四境。推行的改革，使齐国力渐强。时势造就英雄，邹忌有才华有才干，大度且颇有君子风范，是齐威王的得力助手，帮助他持政，出谋划策。

早在公元前378年，齐威王即位，当时据说他9年不理朝政。一天，他把邹忌召去弹琴消遣。邹忌只是大谈特谈乐理，就是不奏曲。齐威王不高兴地说："您的乐理说到我的心坎里了，但光知道这些不够，还需审知琴音才行，请先生试弹一曲吧。"

邹忌说："臣以弹琴为业，当然要尽心研究弹琴的技法；大王以治国为要务，怎么可以不好好研究治国大计呢？我抚琴不弹，就没法使您乐意，怪不得齐人瞧见大王拿着齐国的大琴，九年来没弹过一回，都不乐意呢！"

齐威王十分惊愕，和他大谈治国的道理，邹忌竟说得头头是道。于是齐威王拜他为相国，加紧整顿朝政。

此外，邹忌还以相貌著称，品德也十分受人夸赞。

这天早晨，身材修长、形貌漂亮的邹忌穿好衣服，戴上帽子，照了照镜子后问妻子说："我和城北的徐公比，谁更美呢？"

妻子说："徐公哪有您美呢？"

邹忌想：徐公是齐国有名的美男子，自己哪里比得上他呢？

他又问妾说："我和城北的徐公比，谁更美呢？"妾说："徐公不如您美！"白天来了位客人，邹忌又把对妻、妾说的话再说了一遍。那客人恭恭敬敬地说："徐公确实不如您美。"第二日，恰好徐公来访，邹忌对他横看竖看，觉得自己哪里有他美呢？晚上，他想了又想，最后明白了："妻子说我比徐公美，是偏护我；妾说我比徐公美，是怕我；客人说我比徐公美，是想讨好我。"于是，邹忌上朝对齐王说："臣确实自知不如城北的徐公美，但臣的妻子偏护我，臣的小妾怕我，臣的客人对我有所求，所以都说我比徐公美。由这件事，我联想到：我们齐国，地有千里方圆，城有一百二十。宫女左右，没有不怕大王您的；朝里的大臣，没有不偏护大王您的；齐国四境之内的人，没有不对大王有所求的。这样看来，大王所受的蒙蔽是多么厉害呀！"

齐威王听了邹忌巧妙的劝谏，觉得很对，就下令说："以后不管是谁，凡是能当面指责我过失的，可以得最上等的赏赐；能用书面文字批评我的过失的，可以得中等的赏赐；能在大庭广众中非议我的，只要让我知道，就可得下等的赏赐。"这道命令颁布后不久，文武百官纷纷上朝来向齐威王提出很多意见，齐威王吸收合理的部分，不断改正自己的错误。一年之后，大家都觉得提不出什么意见了。齐国因此渐渐强盛起来。

广开言论不闭关锁国的李斯

它山之石，可以攻玉。

——《诗经·小雅》

李斯，姓李，名斯，字通古，是秦代著名的政治家、文学家和书法家，战国末年楚国上蔡(今河南上蔡西南)人。早年为郡小吏，后从荀子学帝王之术，学成入秦。初被吕不韦任以为郎，后劝说秦王政灭诸侯、成帝业，被任为长史。秦王采纳其计谋，遣谋士持金玉游说关东六国，离间各国君臣，又任其为客卿。秦王政十年(前237年)下令驱逐六国客卿。李斯上《谏逐客书》阻止，为秦王政所采纳，不久官为廷尉。在秦王政统一六国的事业中起了较大作用。秦统一天下后，与王绾、冯劫议定尊秦王政为皇帝，并制定有关的礼仪制度。后被任为丞相。

秦国虽然在邯郸打了一次败仗，但是它的实力还很强。第二年(公元前256年)又进攻韩、赵两国，打了胜仗。后来，索性把挂名的东周王朝也灭掉了。秦昭襄王死去后，他的孙子秦庄襄王即位不到3年也死去，年才13岁的太子嬴政即位。

当时，秦国的朝政大权掌握在相国吕不韦手里。

吕不韦原是阳翟(今河南禹县)地方的一个富商，因为帮助庄襄王取得王位，当上了相国。吕不韦当相国以后，也学孟尝君的样子，收留了大批门客，其中有不少是列国来的。

战国时期有许多学派，纷纷著书立说，历史上把这种情况称作“百家争鸣”。吕不韦自己不会写书，他组织他的门客一起编写一部书，叫《吕氏春秋》。书写成后，吕不韦还派人把它挂在咸阳城门上，还发布告示，说谁能对这部书提出意见，不论添个字或者删掉个字，就赏金千两。这一来，他的名气就更响了。

秦王政年纪渐渐大起来，在他22岁那年，宫里发生一起叛乱，牵连到吕不韦。秦王政觉得留着吕不韦碍事，把吕不韦免了职。后来又发现吕不韦势力不小，就逼他自杀。

吕不韦一倒台，秦国一些贵族、大臣就议论起来，说列国的人跑到秦国来，都是为他们本国打算，有的说不定是来当间谍的。他们请秦王政把客卿统统撵出秦国。

秦王政接受这个意见，就下了一道逐客令。大小官员，凡不是秦国人，都得离开秦国。

有个楚国来的客卿李斯，原是著名儒家学派代表荀况的学生。他来到秦国，被吕不韦留下来当了客卿。这一回，李斯也挨到被驱逐的份儿，心里挺不服气。离开咸阳的时候，他上了一道奏章给秦王。

李斯在奏章上说：“从前秦穆公用

了百里奚、蹇叔，当了霸主；秦孝公用了商鞅，变法图强；惠文王用了张仪，拆散了六国联盟；昭襄王有了范睢，提高了朝廷的威望，这四位君主，都是依靠客卿建立了功业。现在到大王手里，却把外来的人才都撵走，这不是帮助敌国增加实力吗？”

秦王政觉得李斯说得有道理，连忙打发人把李斯从半路上找回来，恢复他的官职，还取消了逐客令。

批判经学不迷信权威的王充

> 我们要的是明察的鉴赏，不是盲目的崇拜。
>
> ——闻一多

王充（前 27～97），字仲任，会稽上虞（今浙江上虞）人，东汉时期著名哲学家。王充出身于“细族孤门”，“以农桑为业”。

王充从小勤奋好学，经过刻苦努力，成为知识渊博的学者。他继承了家族的传统，以笔为武器与豪族强宗作斗争。但由于对政务经常提出批评和建议，因此不得上司欢心，屡遭黜斥，但他并不气馁，以后去职居家，专心写作，终成《论衡》等著作。

由董仲舒所创立的儒家神学发展成为一种叫做谶纬的迷信学说，妖化了孔孟，腐蚀了学校教育，僵化了学术思想。王充对这种迷信、烦琐的经学教育进行了严厉的批判。

王充认为：“世儒学者好信师而是古，以为圣贤所言皆无非，专精讲习，不知难问”，这是一种盲目迷信的恶习。为了“证定是非”，他主张“问难”：“苟有不晓解之问，造难孔子，何伤于义？诚有传圣业之知，伐孔子之说，何逆于理？”他大胆地写了《问孔》、《刺孟》等文章，并具体地指出孔子之徒不能“极问”和孟子某些思想的模糊与混乱。所有这些，不仅对于打破盲目崇拜孔孟的迷信思想、揭露当时儒家神学的虚妄有重大作用，而且他从正面提出的“极问”、“问难”，反对“信师是古”等积极主张，是对师生关系、古今关系的一种有益的探索。

王充还对当时教育上但拘一经，或只记诵章句、训校文义的风气作了深刻的批判。他指出这种教育培养的人，“即徒诵读，读诗讽术，虽千篇以上，鹦鹉能言之类也”。有的儒生虽“能说一经”，但是“不好广观”，“守隅不览”，实际上变成“不闻古今，不见事类，不知然否”的“目盲”、“耳聋”、“鼻痈”的人。这种人不注意实际事功，弄成“栗栗不能当剧，将有烦疑，不能效力”，成为无用之徒。王充尖锐地指出当时教育脱离实际、学用相违的弊病，具有很大的进步意义。而且他还正面提出教育培养出来的人才要“贯通”，“贵其能用之也”。也就是说，他主张教育培养的人才应该是“博览古今”，学用结合，能“精思著文、连结篇章”地“兴论立说”，具有独立见解，不受传统思想的束缚。他的这种主张在教育史上也是有积极意义的。

王充以大量的笔墨，无情地批驳了汉儒所宣扬的天人感应论调。他认为，自然界的变化可以影响人和物，比如，“天且雨，蝼蚁徙，丘蚓出，琴弦缓，固疾发”，但是人不能动地，而亦不能动天，因为天至高大，人至卑小，人不能动天，就如同一枚小竹枝敲不响一个大钟，一只萤火虫烧不热一个鼎一样。风雨有时，寒暑有节，不会随任何人的主观意志而改变。当时流传着“行善者福至，为恶者祸来，祸福之应，皆天也”的说教，王充指出，这种说教是贤圣欲劝人为善而编造的，而一般人则把一些偶然巧合的事件当作必然的报应，因而盲目相信这种说教。汉儒声言楚惠王曾误食蚂蟥，由于他有仁德，得到了天的保佑，不但病不为伤，反而把原来的心腹之积也治好了。王充认为楚惠王并无仁德，而是一个不肖之主，如果天保佑他，是天佑不肖人也。王充以大量事例否定了天能赏善罚恶的神话，并发出质问：为什么那些谋财害命、鱼肉乡里的坏人皆得显达，富厚安乐？社会上何以多横怒而不罹祸，顺道而违福？在驳斥天能赏善罚恶的虚伪说教的同时，王充也揭露了当时社会的不合理现实。汉儒为了神化帝王，拼命鼓吹君主的意志就是天的意志，君主高兴，天气就温暖；君主发怒，天气就寒冷。王充对此据理反驳，指出春温夏暑，秋凉冬寒是自然现象，水旱之至，自有期节，君主喜怒时，连自己体内和室内的温度都影响不了，怎能影响整个天下呢？关于汉儒的灾异谴告，王充指出：夫天道自然也，无为；如谴告人，是有为，非自然也，夫变异自有占候，阴阳物气自有始终，国有灾异，与人染疾病是同一道理，血脉不调，人生疾病；风气不和，岁生灾异，与谴告并没有什么关系。如果说虫吃谷物是地方官吏侵夺百姓所致，身黑头赤的虫子象征武官，身赤头黑的虫子象征文官，那么，虫子或时希出而暂为害，或常有而为灾，等类众多，应何官吏？那些威胜于官，取多于吏，武断乡曲而不当官的豪强，又用什么样的虫子代表呢？事实上，各种虫子生出有日，死极有月，使人君不罪其吏，虫犹自亡，这纯属自然现象，与政事无关。同样，老虎吃人也与官吏为奸毫无关系，儒生只不过利用了虎适食人，长吏遭恶这一巧合事件胡乱比附而已。如果说灾异是天对人君失政的谴告，那么，尧遭洪水，汤遭大旱就证明尧、汤也是恶君了。如果说天真能谴告失政的君主，它也就能有意识地任命像尧、舜那样有才德的圣君，可事实上，今则不然，生庸庸之君，失道废德，随谴告之，何天不惮劳也？如果天能以雷责怒于人，也就能以雷诛杀无道，然而自古以来，那些最为无道的人，并非死于雷诛，而是圣人兴师动众，将其伐灭的。王充引用老子之语，“礼者，忠信之薄，乱之首也”，指出，谴告是统治腐败的产物，是儒生主观臆造的，“上天之心，在圣人之胸，及其谴告，在圣人之口”。这样，王充就从根本上否定了神的存在，打碎了帝王头上的神圣光环，给汉代妖妄荒诞的官方神学以沉重的一击。

坚持创新为国争光的詹天佑

> 见日月不为明白，闻雷霆不为聪耳。
>
> ——《孙子·形篇》

詹天佑，字眷诚，江西婺源人。1861年（清咸丰十一年）出生在一个普通茶商家庭。儿时的詹天佑对机器十分感兴趣，常和邻里孩子一起，用泥土仿做各种机器模型。有时，他还偷偷地把家里的自鸣钟拆开，摆弄和捉摸里面的构件，提出一些连大人也无法解答的问题。1872年，年仅12岁的詹天佑到香港报考清政府筹办的“幼童出洋预习班”。考取后，父亲在一张写明“倘有疾病生死，各安天命”的出洋证明书上画了押。从此，他辞别父母，怀着学习西方“技艺”的理想，来到美国就读。

詹天佑是我国杰出的爱国工程师。从北京到张家口这一段铁路，最早是在他的主持下修筑成功的。这是第一条完全由我国的工程技术人员设计施工的铁路干线。

从北京到张家口的铁路长200千米，是连接华北和西北的交通要道。当时，清政府刚提出修筑的计划，一些帝国主义国家就出来阻挠，他们都要争夺这条铁路的修筑权，想进一步控制我国的北部。帝国主义者谁也不肯让谁，事情争持了好久得不到解决。他们提一个条件：清朝政府如果用本国的工程师来修筑铁路，他们就不再过问。他们以为这样一要挟，铁路没法子动工，最后还得求助于他们。帝国主义者完全想错了，中国那时候已经有了自己的工程师。詹天佑就是其中的一位。

1905年，清政府任命詹天佑为总工程师，修筑从北京到到张家口的铁路。消息一传出来，全国都轰动了，大家说这一回咱们可争了一口气。帝国主义者却认为这是个笑话。有一家外国报纸轻蔑地说：“能在南口以北修筑铁路的中国工程师还没有出世呢。”原来，从南口往北过居庸关到八达岭，一路都是高山深涧，悬崖峭壁。他们认为，这样艰巨的工程，外国著名的工程师也不敢轻易尝试，至于中国人，是无论如何也完成不了的。

詹天佑不怕困难，也不怕嘲笑，毅然接受了任务，马上开始勘测线路。哪里要开山，哪里要架桥，哪里要把陡坡铲平，哪里要把弯度改小，都要经过勘测，进行周密计算。詹天佑经常勉励工作人员说："我们的工作首先要精密，不能有一点儿马虎。'大概'、'差不多'这类说法不应该出自工程人员之口。"他亲自带着学生和工人，扛着标杆，背着经纬仪，在峭壁上定点、测绘。塞外常常狂风怒号、黄沙满天，一不小心还有坠入深谷的危险。不管条件怎样恶劣，詹天佑始终坚持在野外工作。白天，他翻山越岭，勘测线路；晚上，他就在油灯下绘图、计算。为了寻找一条合适的线路，他常常请教当地的农民。遇到困难，他总是想：这是中国人自己修筑的第一条铁路，一定要把它修好；否则，不但惹外国人讥笑，还会使中国的工程师失掉信心。

铁路要经过很多高山，不得不开凿隧道，其中数居庸关和八达岭两条隧道的工程最艰巨。居庸关山势高，岩层厚，詹天佑决定采用从两端同时向中间凿进的办法。山顶的泉水往下渗，隧道里满是泥浆。工地上没有抽水机，詹天佑就带头挑着水桶去排水。他常常跟工人们同吃同住，不离开工地。八达岭隧道长 1 100 多米，有居庸关隧道的 3 倍长。他跟老工人一起商量，决定采用中部凿井法。先从山顶往下打一口竖井，再分别向两头开凿，外面两端也同时施工，把工期缩短了一半。

铁路经过青龙桥附近，坡度特别大。火车怎么才能爬上这样的陡坡呢？詹天佑顺着山势，设计一种"人"字形线路。北上的列车到了南口就用两个火车头，一个在前边拉，一个在后边推。过青龙桥，列车向东北前进，过了"人"字形线路的岔道口就倒过来，原先推的火车头拉，原先拉的火车头推，使列车折向西北前进。这样一来，火车上山就容易多了。京张铁路不满 4 年就全线竣工了，比原来的计划提早 2 年。这件事给了藐视中国的帝国主义者一个有力的回击。今天，我们乘火车去八达岭，过青龙桥车站，可以看到一座铜像，那就是詹天佑的塑像。许多到中国来游览的外宾，看到詹天佑留下的伟大工程，都赞叹不已。

不循旧制改革新政的范仲淹

> 不要迷信权威，人云亦云，要树立独立思考的科学精神。
>
> ——谈镐生

范仲淹（989—1052），字希文，原名朱说。是北宋的名臣，政治家，文学家，军事家，谥号"文正"。汉族，祖籍彬州（今陕西省彬县），生于苏州吴县（今江苏省苏州市）。

范仲淹不但是个军事家，而且是宋代著名的政治家、文学家。他是苏州吴县人，从小死了父亲，因为家里贫穷，母亲不得不带着他另嫁到一个姓朱的人家。范仲淹在十分艰苦的环境中成长，他住在一个庙宇里读书，穷得连三餐饭都吃不上，天天只得熬点薄粥充饥，但是他仍旧刻苦自学。有时候，读书到深更半夜，实在倦得张不开眼，就用冷水泼在脸上，等倦意消失了，继续攻读。这样苦读了五六年，终于成为一个很有学问的人。

范仲淹原来在朝廷当谏官，因为看到宰相吕夷简滥用职权，任用私人，就向仁宗大胆揭发。没想到这件事触犯了吕夷简，吕夷简反咬一口，说范仲淹交结朋党，挑拨君臣关系。宋仁宗听信吕夷简的话，把范仲淹贬谪到南方，直到宋夏战争发生以后，才把他调到陕西去。

范仲淹在宋夏战争中立下了大功，宋仁宗觉得他的确是个人才。这时候，宋王朝因为内政腐败，加上在跟辽朝和西夏的战争中军费和赔款支出浩大，财政发生恐慌。宋仁宗就把范仲淹从陕西调回京城，派他担任副宰相。

范仲淹一回到京城，宋仁宗马上召见，要他提出治国的方案。范仲淹知道朝廷弊病太多，要一下子都改掉不可能，准备一步一步来。但是，禁不住宋仁宗一再催促，就提出了 10 条改革措施，它的主要内容是：

一、对官吏一定要定期考核，按他们的政绩好坏提拔或者降职；

二、严格限制大臣子弟靠父亲的关系得官；

三、改革科举制度；

四、慎重选择任用地方长官。

还有几条是提倡农桑，减轻劳役，加强军备，严格法令等等。

宋仁宗正在改革的兴头上，看了范仲淹的方案，立刻批准在全国推行这 10 条改革措施。历史上把这次改革称为“庆历新政”（“庆历”是宋仁宗的年号）。

但范仲淹的新政刚一推行，就像捅了马蜂窝一样。一些皇亲国戚，权贵大臣，贪官污吏，纷纷闹了起来，散布谣言，攻击新政。有些原来就对范仲淹不满的大臣，天天在宋仁宗面前说坏话，说范仲淹等一些人交结朋党，滥用职权。

宋仁宗看到反对的人多，就动摇起来。范仲淹被逼得在京城待不下去，就自动要求回到陕西防守边境，宋仁宗就把他打发走了。范仲淹一走，宋仁宗就下命令把新政全部废止。

提起范仲淹，不禁使人想起他的名篇《岳阳楼记》，更叫人荡气回肠的是他的千古绝句“先天下之忧而忧，后天下之乐而乐”。其实，这千古名句正是范仲淹一生为人做官的真实写照。

不管是当小官还是掌大权，他为官都是心怀社稷，廉洁奉公，以天下为己任，世人称他为“五胆忠臣”。

一胆：敢于指责朝政。宋仁宗时大兴土木，朝廷从陕西征购木材，运往京城建造宫殿。范仲淹看到浩大的土木建设给民众带来的苦难后，不顾他人劝阻，上书朝廷，直陈弊端和危害，引起了仁宗皇帝高度重视和警醒，立即停止了宫殿建设，并要求臣民“以仲淹为忠”。后来，他还针对朝政存在的问题，书写了《救弊十事》，令朝政为之一振。

二胆：敢于斗权贵。当时朝中权臣吕夷简利用手中权力，拉帮结派，徇私舞弊，视范仲淹为眼中钉。他多次派人暗中威胁范仲淹勿言朝政、妄议国事，但范仲淹毫不惧怕，多次表示宁可舍去官位性命，也不姑息养奸。为治住范仲淹，吕夷简调任他管理关系盘根错节、矛盾错综复杂的开封府，想借皇亲国戚和官僚大臣，甚至那些贪官污吏的手，杀杀范仲淹的锐气。没想到范仲淹到任后，从清理弊端入手，敢于查处污吏，克服各种阻力，疏奏朝廷惩治，很快开封府“肃然称治”。

三胆：敢于举腐败。为了彻底揭露吕夷简等人任人唯亲、朋比为奸的做法，范仲淹深入调查，掌握了大量证据，疏奏给宋仁宗。并将吕夷简结党营私，提升贪官污吏的情况，绘成“百官图”呈献给皇帝，仁宗一眼就看清了贪官污吏们的所作所为。之后，他又先后为皇帝书写了《帝王尚好》、《选贤任能》等政文，使朝政存在的腐败问题得到了很好的治理整顿。

四胆：敢于用清官。公元 1043 年，也就是庆历三年，范仲淹在抵抗西夏入侵中立下大功，调回京师任参知政事，领导进行“庆历新政”。范仲淹掌握一定权力后，进行的第一件事就是整顿吏治。他采取职能业绩评定和群众评议的办法，对重要岗位的官吏进行了任职考核，很快一些庸碌、无能、腐朽的官吏被罢免，一些主事刻薄、惯于搜刮民财的贪官污吏被整治，特别是对那些具有皇亲国戚背景的官吏，范仲淹也是只管政绩不重关系，该撤的撤，该查的查，一时间官风大变。同时，对精明能干、正直清廉的官吏，只要是克己奉公者都被提拔到重要位置。同时，为保证官吏正确使用权力，他还上奏朝廷制定了官吏考核办法，为仁宗时国富民强奠定了基础。

五胆：勇于不留财。范仲淹为政清明，个人生活十分节俭。官位渐高，日渐富贵后，他仍然是“非宾客不食重肉。妻子衣食，仅能自充”。后来，当了大官，他始终坚持教育子孙要“知节俭，莫贪富贵”。晚年时，范仲淹没有把一生的积蓄留给子孙，而是广置义庄、义田和义宅，用来赈济穷苦群众。范仲淹 61 岁时，子孙们劝他置第于洛阳，然后颐养天年，范仲淹听后坚辞说：“人若有道之乐，形骸可外而况室乎？吾将以薪俸有余者，赈济宗族。”后来，范仲淹还建义学使贫困者有了安身之处，子弟有受教就学之所。他 64 岁去世时，“虽位充禄厚而以贫终其身”，“其殁之日，身无以为殓，死无以为丧”。

以笔做枪关心民间疾苦的关汉卿

> 闻而审则为福矣，闻而不审，不若无闻矣。
>
> ——《吕氏春秋》

关汉卿（约 122—1241），元代杂剧作家，是中国古代戏曲创作的代表人物。号已斋（一作一斋）、己斋叟。汉族，是大都人。

在元代，由于元世祖采取了许多发展生产的措施，元朝初期的社会经济十分繁荣，但是这种繁荣只使蒙古的王公贵族和地主官僚得到好处。为了满足蒙古贵族过穷奢极欲的生活和军事的需要，元世祖还任用了一批管理财政的大臣，帮助他搜刮财富。这批大臣勾结地方官吏，贪赃枉法，无所不为。元王朝还实行民族压迫政策，把全国人民划分为四个等级：第一等是蒙古人；第二等叫色目人，也就是西域各族和西夏人；第三等叫汉人，就是原来在金朝统治下的汉人、契丹、女真等族人；第四等叫南人，就是原来在南宋地区的各族人民。四个等级的人政治地位和待遇不同，汉人和南人受到百般歧视。

在残酷的阶级压迫和民族压迫下，各族劳动人民都过着悲惨的日子。贪污横行，冤案多得数也数不清。

元世祖死后，他的孙子铁穆耳即位，就是元成宗。元成宗时期，这种贪赃枉法的情况越来越严重。有一次，查出有贪污行为的官吏 1.8 万多人，冤案5 000多件。

当时，在大都流行着一种戏剧，叫杂剧。一些有正义感的读书人，不满官府的黑暗统治，利用杂剧的形式来揭露官场的罪恶和社会的不平现象。

大都有个读书人叫关汉卿，从小喜爱音乐戏剧，会吹箫弹琴，还会唱歌跳舞。关汉卿在京城太医院当过官，可是他对医术不感兴趣，对编写剧本却特别热心。那时候，演戏的人社会地位很低，关汉卿却跟他们混得挺熟；有时候他自己也上场演出，扮个角色。因为他对音乐戏剧很有研究，所以编出的戏也就格外精彩。

在大都，一班贵族和普通百姓都喜欢看戏，关汉卿编的戏剧不是为了光给贵族消闲作乐，而是常常帮百姓说话。他把看到的，听到的人民的悲惨遭遇，写进他的剧本里。《感天动地窦娥冤》（也叫《窦娥冤》），就是他的杰出的代表作品。

《窦娥冤》的主要人物是楚州地方一个贫苦女子窦娥。窦娥从小死了母亲，她父亲窦天章还不起债，又因为上京赶考，缺少盘费，把她卖给孤苦的蔡婆婆家做童养媳。到蔡家没两年，丈夫就害病死了，只剩了窦娥和她婆婆两人相依为命地过日子。

楚州有个流氓叫张驴儿，欺负蔡

家婆媳无依无靠，跟他父亲张老儿一起，赖在蔡家，逼迫蔡婆婆嫁给张老儿。蔡婆婆软弱怕事，勉强答应了。张驴儿又胁迫窦娥跟他成亲，窦娥坚决拒绝，还把张驴儿痛骂了一顿。

张驴儿怀恨在心。过几天，蔡婆婆害病，要窦娥做羊肚汤给她吃。张驴儿偷偷地在汤里下了毒药，想先毒死蔡婆婆，再逼窦娥成亲。窦娥把羊肚汤端给蔡婆婆喝。蔡婆婆接过碗，忽然要呕吐，不想喝，让给张老儿喝了。张老儿中了毒，在地上翻滚了几下，就咽了气。

张驴儿毒死了自己父亲，把杀人的罪名，栽到窦娥身上，告到楚州衙门。

楚州知府桃杌是个贪赃枉法的贪官，背地里被张驴儿用钱买通了，把窦娥抓到公堂讯问，逼她招认是她下的毒。窦娥受尽了百般拷打，痛得死去活来，还是不肯承认。

桃杌知道窦娥待她婆婆很孝顺，就当着窦娥的面要拷打蔡婆婆。窦娥想到婆婆年纪老，受不起这个酷刑，只好含冤招了供。

贪官桃杌把窦娥屈打成招，定了死罪，把她押到刑场去处死。窦娥眼看没有申冤的地方，她满腔悲愤地咒骂天地："地也，你不分好歹何为地？天也，你错勘贤愚枉为天！"在临刑的时候，她又向天发出三桩誓愿：一要刀过头落，一腔热血全溅在白练上；二要天降大雪，遮盖她的尸体；三要让楚州大旱3年。窦娥的誓愿居然感动了天地。那时候，正是六月大伏天气，窦娥被杀之后，一霎时天昏地暗，大雪纷飞；接下来，楚州地方大旱了3年。后来，窦娥的父亲窦天章在京城做官，窦娥的冤案得到平反昭雪，杀人凶手张驴儿被处死刑，贪官桃杌也得到应有的惩罚。

范缜坚持己见作《神灭论》

非亲身实验证明者，不可轻信。

——蔡元培

范缜是中国南朝齐、梁时思想家，无神论者。字子真。南阳舞阴（今河南泌阳县西北）人。曾任宁蛮主簿、尚书殿中郎、宜都太守、晋安太守。他曾同佛教有神论者进行了两次公开的论战。

南北朝时期，佛教渐渐盛行起来。南齐的朝廷里，从皇帝到大臣，都提倡佛教。南齐的宰相——竟陵王萧子良就是一个笃信佛教的人。

萧子良在建康郊外的鸡笼山有一座别墅，他常常在那里招待名士文人，喝酒谈天。有时候，也请来一些和尚，到他那里讲解佛教的道理。萧子良还亲自给和尚备饭倒茶水。人家都认为他这样做有失宰相的体统，他却并不在乎。

有宰相一提倡，佛教的势力自然更大了。这些和尚宣传人死了以后，灵魂是不会死的。还说一个人的富贵或者贫贱，都是前世的因果报应，穷人受苦受罪，都是命里注定，没法抗拒的。

当时，有一个大胆的读书人名叫范缜，起来揭露这一说法是一种迷信，要大家别信那一套。

范缜的堂哥范云就是经常在萧子良家里走动的。萧子良听到范缜竟敢跟他唱对台戏，反对佛教，十分恼火，叫范云把范缜找到他家来。

萧子良问范缜说："你不相信因果报应，那么，你倒说说，为什么有的人生下来富贵，有的人生下来就贫贱呢？"

范缜不慌不忙地说："这没有什么奇怪。打个比方，人生好比树上的花瓣。花经风一吹，花瓣随风飘落。有的掠过窗帘，落在座席上面；有的吹到篱笆外，落在茅坑里。"

萧子良瞪着眼睛，一下子还听不懂范缜说的是什么意思。范缜接着说："落在座席上就像您；落在茅坑里的，就像我。富贵、贫贱，就是这么一回事，哪里有什么因果报应呢？"

范缜从萧子良那里回来，觉得虽然驳斥了萧子良，但是还没有把他反对迷信的道理说透彻，就专门写了一篇文章，叫作《神灭论》。文章里面说："形体是精神的本质，精神只是形体的作用。精神和形体的关系，好比一把刀和锋利的作用。没有刀，就不能起锋利的作用。没有形体，哪里有什么精神呢？"

范缜在那篇文章里，还断定人死以后灵魂是不存在的，什么因果报应，都是骗人的话。

这篇文章一出来，朝廷上上下下都闹翻了天。一些萧子良的亲信、朋友，都认为非把范缜狠狠地整一下不可。萧子良又找了一批高僧来跟范缜辩论，但是范缜讲的是真理，那些高僧到底还是辩不过范缜。

有个佛教信徒王琰讽刺他说："唉，范先生啊！您不信神灵，那您就连祖先的神灵在哪里也不知道了。"

范缜针锋相对地嘲笑王琰说："可惜呀，王先生。您既然知道您的祖先神灵在哪里，为什么不早点去找他们呢。"

萧子良怕范缜的影响太大，会动摇大家对佛教的信仰。隔了几天，他派了一个亲信王融去劝说范缜，说："宰相是十分赏识有才能的人的。像您这样有才干的人，要做个中书郎，还不容易！何苦一定要去发这样违背潮流的议论呢。我真替您可惜。我看您还是把那篇背时文章收回了吧。"

范缜听了，仰起头哈哈大笑，说："我范缜如果放弃自己的观点去求官，那么要做更大的官也不难，何在乎您说的中书郎呢。"

萧子良拿范缜没有办法，也只好

由他去了。

改革历法不因循守旧的祖冲之

是非久自见，不可掩也。

——《晋书》

祖冲之，是我国杰出的数学家、科学家。南北朝时期人，字文远。生于宋文帝元嘉六年，卒于齐昏侯永元二年。祖籍范阳郡遒县(今河北涞水县)。

祖冲之的祖父名叫祖昌，在宋朝做了一个管理朝廷建筑的长官。祖冲之长在这样的家庭里，从小就读了不少书，人家都称赞他是个博学的青年。他特别爱好研究数学，也喜欢研究天文历法，经常观测太阳和星球运行的情况，并且做了详细记录。宋孝武帝听到他的名气，派他到一个专门研究学术的官署“华林学省”工作。他对做官并没有兴趣，但是在那里，可以更加专心研究数学、天文了。

我国历代都有研究天文的官，并且根据研究天文的结果来制定历法。到了宋朝的时候，历法已经有很大进步，但是祖冲之认为还不够精确。他根据长期观察的结果，创制出一部新的历法，叫做“大明历”(“大明”是宋孝武帝的年号)。这种历法测定的每一回归年(也就是两年冬至点之间的时间)的天数，跟现代科学测定的相差只有50秒；测定月亮环行一周的天数，跟现代科学测定的相差不到一秒，可见它的精确程度了。

公元462年，祖冲之请求宋孝武帝颁布新历，孝武帝召集大臣商议。那时候，有一个皇帝宠幸的大臣戴法兴出来反对，认为祖冲之擅自改变古历，是离经叛道的行为。

祖冲之当场用他研究的数据回驳了戴法兴。戴法兴依仗皇帝宠幸他，蛮横地说：“历法是古人制定的，后代的人不应该改动。”

祖冲之一点也不害怕。他严肃地说：“你如果有事实根据，就只管拿出来辩论。不要拿空话吓唬人嘛。”

宋孝武帝想帮助戴法兴，找了一些懂得历法的人跟祖冲之辩论，也一个个被祖冲之驳倒了。但是宋孝武帝还是不肯颁布新历。直到祖冲之死了10年之后，他创制的大明历才得到推行。

尽管当时社会十分动乱不安，但是祖冲之还是孜孜不倦地研究科学。他更大的成就是在数学方面。他曾经对古代数学著作《九章算术》作了注释，又编写一本《缀术》。他的最杰出贡献是求得相当精确的圆周率。经过长期的艰苦研究，他计算出圆周率在3.1415926和3.1415927之间，成为世界上最早把圆周率数值推算到7位数字以上的科学家。

祖冲之在科学发明上是个多面手，他造过一种指南车，随便车子怎样转弯，车上的铜人总是指着南方；他又造过“千里船”，在新亭江（在今南京市西南）上试航过，一天可以航行 100 多里。他还利用水力转动石磨，舂米碾谷子，叫做“水碓磨”。

祖冲之死后，他的儿子祖暅、孙儿祖皓都继承了祖冲之的事业，刻苦研究数学和历法。据说祖暅在研究学问的时候，全神贯注，连天上打响雷也听不到。他常常一面走路，一面思考问题。有一次，他在路上走，前面来了个大官僚徐勉。祖暅根本没有发觉，一头就撞在徐勉身上。等到徐勉招呼他，祖暅才像梦中惊醒一样，慌忙答礼。徐勉知道他研究出了神，也没有责怪他。

敢于创新改革文风的欧阳修

庸人之目，见利而不见害，见得而不见失。

——（清）张伯行

欧阳修（1007～1072），字永叔，自号醉翁，晚年号六一居士，谥号文忠，世称欧阳文忠公，汉族，吉安永丰（今属江西）人，北宋时期政治家、文学家、史学家和诗人。他与唐韩愈、柳宗元、宋王安石、苏洵、苏轼、苏辙、曾巩合称“唐宋八大家”。

欧阳修 4 岁的时候，父亲病死，母亲带着他到随州（今湖北随县）依靠他叔父生活。欧阳修的母亲一心想让儿子读书，可是家里穷，买不起纸笔。她看到屋前的池塘边长着荻草，就用荻草秆儿在泥地上划着字，教欧阳修认字。幼小的欧阳修在母亲的教育下，很早就爱上了书本。

欧阳修 10 岁的时候，经常到附近藏书多的人家去借书读，有时候还把借来的书抄录下来。一次，他在一家姓李的人家借书，从那家的一只废纸篓里发现一本旧书，他翻了一下，知道是唐代文学家韩愈的文集，就向主人要了来，带回家里细细阅读。

宋朝初年的时候，社会上流行的文风讲求华丽，内容空洞。欧阳修读了韩愈的散文，觉得它文笔流畅，说理透彻，跟流行的文章完全不一样。他就认真琢磨，学习韩愈的文风。长大以后，他到东京参加进士考试，连考三场，都得到第一名。

欧阳修 20 多岁的时候，他在文学上的声誉已经很大了。他官职不高，但是十分关心朝政，正直敢谏。当范仲淹得罪吕夷简被贬谪到南方去的时候，许多大臣都同情范仲淹，只有谏官高若讷认为范仲淹应该被贬。欧阳修十分气愤，写信责备高若讷不知道人间有羞耻事。为了这件事，他被降职到外地，过了 4 年，才回到京城。

但他的直言不讳并没有因为这件事有所收敛，当时范仲淹被排挤离开朝廷以后，他的同事富弼，因为支持新政，被诬陷是范仲淹的同党，丢了官职；韩琦替范仲淹、富弼辩护，也受到牵连。当时，有些人虽然同情范仲淹，但是不敢出头说话。只有谏官欧阳修大胆上书给宋仁宗说："自古以来，坏人陷害好人，总是说好人是朋党，诬蔑他们专权。范仲淹是国家有用的人才，为什么要把他罢免？如果听信坏人的话，把他们罢官，只会让坏人得意，敌人称快！"

这一回，欧阳修为了支持范仲淹新政，又出来说话，使朝廷一些权贵大为恼火。他们捕风捉影，诬陷欧阳修一些罪名，朝廷又把欧阳修贬谪到滁州（今安徽滁县）。

滁州四面环山，风景优美。欧阳修到滁州后，除了处理政事之外，常常游览山水。当地有个和尚在滁州琅琊山上造了一座亭子供游人休息。欧阳修登山游览的时候，常在这座亭上喝酒。他自称"醉翁"，给亭子起个名字叫醉翁亭。他写的散文《醉翁亭记》，成为人们传诵的杰作。

欧阳修当了10多年地方官，宋仁宗想起他的文才，才把他调回京城，担任翰林学士。

欧阳修担任翰林学士以后，积极提倡改革文风。有一年，京城举行进士考试，朝廷派他担任主考官。他认为这正是他选拔人才、改革文风的好机会，在阅卷的时候，发现华而不实的文章，一概不录取。考试结束以后，有一批人落了选，对欧阳修十分不满。一天，欧阳修骑马出门，半路上被一群落选的人拦住，吵吵嚷嚷地辱骂他。后来，巡逻的兵士过来，才把这批人赶跑。

经过这场风波，欧阳修虽然受到了一些压力，但是考场的文风就发生了变化，大家都学着写内容充实和朴素的文章了。

欧阳修不但大力改革文风，还十分注意发现和提拔人才。许多原来并不那么出名的人才，经过他的赏识和提拔推荐，一个个都成了名家。最出名的是曾巩、王安石、苏洵和他的儿子苏轼、苏辙。在文学史上，人们把欧阳修等6个人和唐代的韩愈、柳宗元合起来，称为"唐宋八大家"。

开放思想开人之先的徐光启

> 言成事者，以功著而易显；谋几初者以理隐而难昭。
>
> ——《后汉书》

徐光启（1562～1633），是中国明末科学家、农学家、政治家，中西文化交流的先驱之一，字子先，号玄扈，教名保禄，汉族，南直隶松江府上海县（今上海市）人，天主教徒，并且被称为"圣教三柱石"之首。

徐光启是上海人。在他出生之前，上海沿海一带遭倭寇骚扰十分严重。徐光启小时候，常常听他的父亲谈起当地人民英勇反抗倭寇侵略的情景，心里滋长起爱国的激情。

徐光启长大以后，因为参加科举考试，路过南京，听说那儿来了个欧洲传教士利玛窦（音 dòu），经常讲些西方的科学知识。南京的一些读书人都喜欢跟利玛窦结交。徐光启经过别人介绍，认识了利玛窦。他听利玛窦讲的科学道理，都是自己过去在古书上没有读到过的。打那时候起，他对西方科学发生了浓厚的兴趣。

利玛窦传播科学知识，主要是为了传教的方便。他觉得要扩大传教，一定要得到中国皇帝的支持。那时候，明朝是不让教士到北京传教的。利玛窦要地方大臣在明神宗面前帮他说话，他还到了北京，通过宦官马堂的门路，送给明神宗圣经、圣母图，还有几只新式的自鸣钟。明神宗不懂得圣经，也不知道圣母是什么人。但是对新式自鸣钟，倒很感兴趣，命令马堂把利玛窦带进宫来。明神宗接见利玛窦的时候，请利玛窦谈谈西洋的风俗人情。利玛窦本来是意大利人，为了夸耀自己，把自己说成是“大西洋国”的人。有人一查万国地图，找不到什么“大西洋国”，就怀疑利玛窦来历不明，要明神宗把他撵走。但是明神宗不听这个意见，倒赏给利玛窦一些财物，让他留在京城传教。有了皇帝的支持，利玛窦跟朝廷官员们接触就很方便了。过了几年，徐光启考取了进士，也到了北京，在翰林院做官。他认为学习西方的科学，对国家富强有好处，就决心拜利玛窦为师，向他学习天文、数学、测量、武器制造各方面的科学知识。

有一次，徐光启到利玛窦那儿去学习。利玛窦跟他谈起，西方有一本数学著作叫《几何原本》，是古代希腊数学家欧几里得写的一本重要著作，可惜要翻译成汉文很困难。徐光启说：“既然有这样好书，您又愿意指教，不管怎样困难，我也要把它翻译出来。”

打那以后，徐光启每天下午一离开翰林院，就赶到利玛窦那儿，跟利玛窦合作翻译《几何原本》，由利玛窦讲述，徐光启笔译。那时候，还没有人译过国外数学著作，要把原作译得准确，可不是件简单事。徐光启花了一年多时间，逐字逐句地反复推敲，再三修改，终于把前六卷《几何原本》翻译完成。除了《几何原本》之外，徐光启还跟利玛窦和另一个西方传教士熊三拔合作，翻译过测量、水利方面的科学著作。后来，他又在研究我国古代历法的基础上，吸收了当时欧洲在天文方面的最新科学知识，对天文历法的研究，达到了很高的水平。

徐光启不但爱好科学，还十分关心民间疾苦。有一年，他父亲死去，徐光启回到上海守丧。那年夏天，江南遭到一场水灾，大水把稻、麦都淹了。水退之后，农田上颗粒无收。徐光启为这个心里挺着急。他想，如果不补种点别的庄稼，来年春天拿什么度荒呀！恰巧在这时候，有个朋友从福建带来了一批甘薯的秧苗。徐光启就在荒地上试种起甘薯来，过了不久，长得一片葱绿，十分茂盛。后来，他特地编了一本小册子，推广种甘薯的办法。本来只在福建沿海种植的甘薯就移植到江浙一带来了。今天江浙一带的人们能吃到甘薯还是徐光启的功劳呢。

明神宗的时候，国家爆发战争，杨镐统率的四路大军在萨尔浒几乎全部覆没，满朝文武大臣都十分震惊。大家齐集在宫门外，呼吁明神宗增加兵力，调拨军饷，抵抗后金。翰林院官员徐光启，一连上了三道奏章，认为要挽救国家危局，只有精选人才，训练新兵，还自愿担任练兵的工作。明神宗听说徐光启熟识军事，就批准他到通州练兵。得到了明神宗的批准，他满怀希望，想尽快练好新兵，加强国防。哪料到朝廷各个部门腐败透了，练兵衙门成立了一个月，徐光启要人没人，要饷没饷，闲得没事干。后来，好容易领到一点军饷，到了通州，检阅了那儿招来的7000多新兵，大多是老弱残兵，能够勉强充数的只有2000人，更说不上精选了。他大失所望，只好请求辞职。

公元1620年，明神宗死去，他的儿子明光宗朱常洛也接着病死，神宗的孙子朱由校即位，这就是明熹宗。徐光启又回到京城，他看到后金的威胁越来越严重，又竭力主张要多造西洋大炮。为了这件事，跟兵部尚书发生矛盾，徐光启被排挤出朝廷。

徐光启回到上海，已经是60多岁的老人了。他本来对研究农业科学很有兴趣，回到家乡后，又在自己的田地上，亲自参加劳动，做一些试验。后来，他把他平日的研究成果，写成了一部著作，叫做《农政全书》。在这本书里，对我国的农具、土壤、水利、施肥、选种、嫁接等农业技术，都有详细的记载，真可以称得上我国古代的一部农业百科全书呢！

科学的殉道士布鲁诺

不入虎穴，焉得虎子？

——《后汉书》

科学的殉道士——乔尔丹诺·布鲁诺出生于意大利那不勒斯附近的诺拉镇。大概他幼年丧失父母，或者是家境贫寒，靠神甫们收养长大。这个穷孩子自幼好学，15岁那年当了多米尼修道院的修道士。全凭顽强自学，终于成为当代知识渊博的学者。这位勤奋好学、大胆而勇敢的青年人，一接触到哥白尼的《天体运行论》，立刻激起了他火一般的热情。从此，他便摒弃宗教思想，只承认科学真理，并为之奋斗终生。

布鲁诺信奉哥白尼学说，所以成了宗教的叛逆，被指控为异教徒并革除了他的教籍。公元 1576 年，年仅 28 岁的布鲁诺不得不逃出修道院，并且出国长期漂流在瑞士、法国、英国和德国等国家，他四海为家，在日内瓦、图卢兹、巴黎、伦敦、维登堡和其他许多城市都居住过。尽管如此，布鲁诺仍然始终不渝地宣传科学真理。他到处作报告、写文章，还时常地出席一些大学的辩论会，用他的笔和舌毫无畏惧地积极颂扬哥白尼学说，无情地抨击官方经院哲学的陈腐教条。

布鲁诺的专业不是天文学也不是数学，但他却以超人的预见大大丰富和发展了哥白尼学说。他在《论无限、宇宙及世界》这本书当中，提出了宇宙无限的思想，他认为宇宙是统一的、物质的、无限的和永恒的。在太阳系以后还有无以数计的天体世界。人类所看到的只是无限宇宙中极为渺小的一部分，地球只不过是无限宇宙中一粒小小的尘埃。

布鲁诺进而指出，千千万万颗恒星都是如同太阳那样巨大而炽热的星辰，这些星辰都以巨大的速度向四面八方疾驰不息。它们的周围也有许多像我们地球这样的行星，行星周围又有许多卫星。生命不仅在我们的地球上有，也可能存在于那些人们看不到的遥远的行星上……布鲁诺以勇敢的一击，将束缚人们思想达几千年之久的“球壳”捣得粉碎。布鲁诺的卓越思想使与他同时代的人感到茫然，为之惊愕！一般人认为布鲁诺的思想简直是“骇人听闻”，甚至连那个时代被尊为“天空立法者”的天文学家开普勒也无法接受，开普勒在阅读布鲁诺的著作时感到一阵阵头目眩晕！

布鲁诺在天主教会的眼里，是极端有害的“异端”和十恶不赦的敌人。他们施展狡诈的阴谋诡计，收买布鲁诺的朋友，将布鲁诺诱骗回国，并于公元 1592 年 5 月 23 日逮捕了他，把他囚禁在宗教判所的监狱里，接连不断地审讯和折磨他竟达 8 年之久！

由于布鲁诺是一位声望很高的学者，所以天主教企图迫使他当众悔悟，声名狼藉，但他们万万没有想到，一切的恐吓威胁利诱都丝毫没有动摇布鲁诺相信真理的信念。

天主教会的人们绝望了，他们凶相毕露，建议当局将布鲁诺活活烧死。布鲁诺似乎早已料到，当他听完宣判后，面不改色地对这伙凶残的刽子手轻蔑地说：“你们宣读判决时的恐惧心理，比我走向火堆还要大得多。”公元 1600 年 2 月 17 日，布鲁诺在罗马的百花广场上英勇就义了。

由于布鲁诺不遗余力的大力宣传，哥白尼学说传遍了整个欧洲。天主教会深深知道这种科学对他们是莫大的威胁，于是公元 1619 年罗马天主教会议决定将《天体运动论》列为禁书，不准宣传哥白尼的学说。

布鲁诺不畏火刑，坚定不屈地同

教会、神学作斗争，为科学的发展做出了贡献。他的科学精神永存！1889年，人们在布鲁诺殉难的百花广场上竖起他的铜像，永远纪念这位为科学献身的勇士。

发明种痘技术的琴纳

见利争让，见义争为，有不善争改。

——王通

天花，是一种蹂躏人类的可怕传染病。过去，因感染天花死亡的人成千上万。为了对付这种病魔，人类进行了艰苦卓绝的斗争。众所周知，现代人是通过接种牛痘的方法来抵御天花的。接种牛痘的创始人是18世纪的英国乡村医生爱德华·琴纳。他从产生在11世纪的宋朝时的“人痘”接种法（后来流传到欧洲）中得到启发，发明了牛痘接种法。再后来牛痘接种法又传遍世界各地（包括中国）。在当今，人类终于消灭了可怕的传染病天花的时候，不禁不怀念牛痘接种法的创始人、伟大的英国医生爱德华·琴纳。

1749年5月17日，英国医生爱德华·琴纳生于英国的格洛斯特，父亲是一个牧师。琴纳长大以后，立志学医。于是，他13岁那年，就被送到留德洛夫医师那里当学生。琴纳勤勉地工作着，帮助留德洛夫诊疗病人达7年之久。

像许多科学的先驱者一样，他也是一个博学多才的人。他研究地理，谙达诗文，精通乐器，喜爱雀鸟，还会制作气球。

勤奋的琴纳终于学成了！他获得了医学士的称号，回到了自己的故乡，并开设了一家医院。

防治天花是当时医学上的一个重要课题，那时天花是人类疾病中最可怕的一种。天花患者的死亡率达1/10，而幸存者也大都变成了麻子，许多人一谈到天花就谈虎色变。有人甚至认为，与其变成麻脸，倒不如死去。天花并不择人而染。乔治·华盛顿在1751年患上天花，虽没有因此而丧生，却从此变成了麻子。1774年，法国国王路易十五死于天花。

事实上，在那时没有麻子的脸是少见的。女人如果没有麻子，仅仅这一点，比起那些不幸的人们来，就被认为是美丽的了。

每年发生好几次天花流行使琴纳感到难以应付，眼看病人痛苦地死去，医生也毫无办法。可是奇怪的是，只要得过一次天花，皮肤上留下疤痕的人再也不会得第二次天花。而且，患天花的尽是地主、神甫和农民，那些从事挤牛奶的姑娘却一次也没有患过病。

1718年，英国贵族梅丽·惠特尼·

蒙塔古夫人从土耳其旅行回来说，土耳其人把症状轻的天花患者的疱疹液故意接种到自己的身上，接种后就会患轻度天花，却因此而获得了免疫力。梅丽夫人相信这种说法，并给自己的孩子接种。

实际上，中国在16世纪明朝隆庆年间，就发明了种痘术预防天花的方法了。到了17世纪，中国的种痘术传入俄国、土耳其、朝鲜和日本，传布到欧洲各国。一直到18世纪，在欧洲才发现了牛痘。

琴纳开设医院后不久，就对防治天花发生了兴趣。他也许听过梅丽夫人的实验，但也许毫无所闻。然而，他确实听到过家乡格洛斯特广泛流传的一种说法，即牛痘既可以传染给牛，也可以传染给人。那里的人们认为，牛痘和天花是不能同时并存的。

琴纳细想，自古以来挤奶姑娘和牧牛姑娘漂亮，她们没有麻脸。那么，牛痘和天花又有什么关系呢？果真牛痘预防了天花了吗？

琴纳决心要解答这一连串的问题，他以顽强的精神对牛痘研究了20多年。当时中国的种痘术已传到了欧洲，他仔细地阅读了有关种痘术的报告，留下了深刻的印象。

琴纳开始仔细地对家畜进行了观察，他观察了马的“水疵病”和牛的“牛痘”，最后得出结论。水疵病也好，牛痘也好，都是天花的一种。他也发现了得过一次天花而没有死去的病人，永远不再会得第二次天花的秘密：原来是只要患过一次天花不死，就能在身体内部获得了永久对抗天花的防护力量。天花不仅危害人类，同样也袭击牛群，几乎所有的奶牛都出过天花。挤奶姑娘和牧牛姑娘在和牛打交道的过程中，因感染上牛痘而具有抵抗天花的防疫力了。牛痘的秘密终于揭开了。琴纳决定给人们进行牛痘的人工接种来预防天花。

1796年5月17日，正是琴纳47周岁的生日。这天，琴纳的候诊室里一清早就聚集了许多好奇的人，决定性的实验时刻来到了。琴纳抱着对自己理论的充分信心，亲自承担着令人毛骨悚然的风险和责任进行人体实验。他从挤牛奶姑娘尼姆斯手上取出牛痘疮疹中的浆液，接种到一个8岁小男孩菲普斯的身上。2个月后，他再一次给这个儿童接种，不过这次不是牛痘，而是真正的天花浆液。结果那个儿童没有感染上天花，他确实获得了免疫力。为了慎重起见，琴纳还想再重复一次这个实验。为了找个明显的牛痘患者，他不得不等待了2年。两年的等待使他无比焦躁，但是，他并没有因此而发表只实验过一次的研究成果，而是一直耐心地等待着。

1798年，琴纳终于又找到了一位牛痘患者，重复实验的结果也获得了成功。琴纳这才发表了自己的报告，宣布天花是可以征服的。

在拉丁语中，牛叫Vacca，牛痘叫

Vaccina。因此，琴纳把通过接种牛痘来获得对天花免疫力的方法叫作Vaccination，这就是我们所说的“种痘”。

1797年，琴纳将接种牛痘预防天花的研究成果写成论文，送到英国皇家学会时，曾遭到了拒绝。一年以后，琴纳自己筹集经费刊印发表了这些论文，引起了广泛的争论。有的表示坚决支持，有的怀疑，也有的反对。

在无数次实践的面前，一切怀疑、反对都被无情的事实所粉碎。天花可以用种牛痘的方法来预防，终于占据了历史上应有的地位，种痘预防天花的方法在欧洲迅速传开了。

1823年1月26日，伟大的医生琴纳在伯克利寓所停止了心脏跳动。

以大局为重　不较私利

YI DA JU WEI ZHONG　BU JIAO SI LI

举贤重能不计前嫌的鲍叔牙

> 天下惟不明白人多疑人，明白人不疑人也。
>
> ——蔡锷

管仲（？—前645），名夷吾，字仲，谥敬，亦称敬仲安徽颍上人，是春秋初期齐国著名的政治家、哲学家。他辅佐齐国齐桓公，对内政外交政策进行全面的改革，制定了一系列富国强兵的方针策略。他合理征收赋税，减轻农民负担，以达到“民富”、“民安”；改进国家管理体制，发展民间武装力量，并统一军政的领导；运用国家力量发展盐铁事业，增加财政收入；采取“尊王攘夷”的外交策略，采取外交的主动权。

他秉政3年，齐国大治，成为“五霸之首”。管仲所以有所作为，除了自身的才干外，同鲍叔牙能够知人并无私地举贤荐能有关。管仲与鲍叔牙年轻时就是诤友。两人共同经商，分配盈利时，管仲私自多拿了一倍于鲍叔牙的财物。别人不平，鲍叔牙说，这不是管仲贪财，是因为他家里贫穷。两人一起领兵打仗，鲍叔牙身先士卒，亲冒矢石，管仲却冲锋在后，退却在前。别人议论，鲍叔牙说，这不是他怕死，是因为他家里有老母。鲍叔牙这种宽以待人的精神，深深地感动了管仲，他说：“生我者父母，知我者鲍子”。

后来齐襄公的弟弟公子纠发现管仲是个人才，便要他当了自己的谋士，而鲍叔牙呢，也偏偏被齐襄公的另一个弟弟公子小白看中，拜其为军师。两个好朋友各自辅助一个公子。可是好景不长，昏庸的齐襄公总是疑心他两个同父异母的弟弟要篡夺他的王位。就让手下的人找机会干掉公子纠和公子小白。这两个公子听到了风声，公子纠带着管仲就跑到鲁国去了，公子小白也带着鲍叔牙跑到了莒国避难去了。

公元前686年的冬天，暴虐的齐襄公被手下的将士杀死，立他的一个弟弟公孙无知为齐国君王，他当了君王没几个月，就也被手下大臣给杀掉了，齐国当时是一片混乱。流亡在莒国的公子小白和寄居在鲁国的公子纠得到消息后，都觉得自己继承王位的机会来了，急忙打点行装，要回国争夺王位。

管仲作为公子纠的军师及时提醒他：公子小白所在的莒国离齐国很近，如果他先我们一步回到齐国，我们就没戏了，我看还是我先带一队人马去拦截公子小白，让鲁国派大将曹沫带另一队人马护送您回国。公子纠笑答："好主意！"

当管仲带人马赶到莒国和齐国的交界处，正碰上鲍叔牙带领一队莒国人马护送公子小白飞驰而来。管仲上前拦住去路，公子小白说："我回国办丧事去啊！"管仲说："您的哥哥公子纠已经回到齐国操办此事了，我看您还是返回莒国好好待着吧！"

鲍叔牙虽然和管仲平日有手足之情，但现在是各为其主啊！他瞪着眼睛呵斥管仲："我们公子回国有自己的事情，如果公子纠真的回到了齐国，那你干嘛带人来拦截我的主公呢？"管仲谎言被揭，脸色通红，一时无言以对。

鲍叔牙不敢耽搁，命令部队火速前进，管仲见状急得要命，于是他心一横，搭弓取箭，朝着车上的公子小白用力射去，小白大叫一声，栽倒在车上，管仲见大功告成，便带着人马飞逃而去。没想到管仲这一箭恰好射在公子小白的带钩上，一点没伤到人，但他知道管仲的箭法利害，要是再补上一箭他就没命了，于是他才大叫一声装死倒在车里。见管仲跑了，他才长长的出了一口气，鲍叔牙见公子小白平安无事，大喜！立刻命部队抄小路向齐都全力疾驰。

管仲自以为射死了公子小白，就不慌不忙地护送公子纠向齐国进发，结果到齐、鲁边界的时候，一个齐国的使者拦住了他们的车马，使者说：我奉齐国新君王公子小白之命，前来通知鲁国，请你们不必送公子纠回国了。

公子小白在鲍叔牙的帮助下登上了齐国君王的宝座后，称为齐桓公，后来成为春秋时期五位霸主之首。鲍叔牙帮公子小白登上王位又帮他杀了公子纠，齐桓公感念他的忠心和所立的大功，要任命他做国相，没想到鲍叔牙死活不肯接受，他说："以前我帮君王做了些事情，那全是凭我对您的忠心而竭尽全力的，现在您要把国相这么重要的职务交给我，这绝不是仅仅凭我的忠心就可以做好的，您该找个比我更有才能的人才行啊！"齐桓公说："在我手下的大臣中，还没发现比你更出众的人才呢！"鲍叔牙说："我举荐一个人保证能帮您成就一番霸业！"齐桓公急忙问他："这个人是谁呢？"鲍叔牙笑着说："此人就是我的老朋友——管仲，我把他从鲁国要回来，就是要他帮您的！"

齐桓公一听就火了，他拍案而起，说：“这小子拿箭射过我，这一箭之仇我还没报呢，你反而让我来重用他？我不把他杀了就不错了！”鲍叔牙恳切地说：“管仲不顾一切地为公子纠卖命，用箭来射杀您，这不正好说明他对他的主子是一个非常讲忠义的人吗？各为其主是起码的做人准则，他当时那样做没什么不对的，现在要治国了，若论才华，他远远超过我鲍叔牙啊！您要成就霸业，非得到管仲的辅佐不成。您现在不计前嫌地重用他，他唯一的出路就是死心踏地地为您卖命啊！”

齐桓公是个很有肚量的人，为了齐国的利益，他还是听了鲍叔牙的劝说，断然弃忘前嫌，拜了管仲为国相。

大公无私不较私利的祁奚

欲知自下升高处，真伪先须辨古今。

——（宋）陆九渊

祁奚，字黄羊。本是晋国公族，姬姓，他的本名似应叫做高梁奚。但因其采地（食邑）封在祁邑，所以，以地名为姓氏，史称祁奚。他有着丰富的为臣经验，治世谋略，滋养了良好的以国为重，不挟私见、私怨的良臣品德。祁奚是春秋中叶晋国的著名大夫，以“内举不辟亲，外举不辟仇”，为国举荐贤臣良仕而饮誉天下，名垂青史。

祁奚所处的时代，是周天子一代不如一代，无力统驭天下，大权旁落的时代；是“春秋无义战”，大国争霸，强者为伯，挟天子令诸侯的时代；也是晋文公称霸中原后，其子孙后代政治上无所建树，朝政日趋腐败，晋国面临危机日重的时代。恰在这时，荒淫奢侈的晋厉公死于非命，晋悼公临位。悼公立志要复兴文公霸业，重振晋国国威。他重整吏治，调整百官，任贤用能，久以贤良称著、无私饮誉的祁奚，遂被推任为中军尉，以羊舌职为其辅佐。3 年之后，年逾半百的祁奚，觉得自己年老力衰，精力不济，恐有负国家希冀，阻塞贤才仕途，便以年迈告老，请求悼公另选良臣。

悼公见他辞恳言切，便准他告老并请他推荐继任者。于是，祁奚举荐了解狐。当时的人们都知道解狐与祁奚有私仇，悼公遂问：“解狐不是与你有仇吗？”祁奚答道：“公是问我谁可以胜任此职，又没有问我他与我有仇否！”然而，解狐尚未到职，便一命呜呼。悼公请祁奚再行举荐。祁奚这次说：“祁午可以继任此职。”悼公问：“祁午不是你的儿子么？”祁奚坦然回答：“公让我推荐的是适合此职之人，又没有问他是否为我的儿子！”没过多长时间，任中军尉辅佐之职的羊舌职死了。悼公又请祁奚举荐合适人选。祁奚举荐了羊舌职的儿子羊舌赤。悼公对祁奚所荐之人，统统给以录用，于是，两个儿子，分别接替了两个老子的职位，祁午为中军尉，羊舌赤为中军尉佐。

事后有人对悼公说："择臣莫若君，择子莫若父。祁午自幼好学而不戏，守业而不淫；成年后，和安而好敬。每临大事，镇定自若，非义不举。他父亲举荐他是对的。"鲁国的孔子得知此事后，赞扬说："祁奚是个善于举荐贤良的能臣啊。他推举仇人，不是为取媚于天下；举荐儿子，不是因为偏爱己私；举荐辅佐，也不是结伙营党，完全是为国荐贤，唯才是举。"公元前557年，悼公去世，平公登基后，即擢祁奚为公族大夫。

平公六年（前552），范士丐为正卿主持国政，驱逐公族栾盈，杀羊舌虎，囚禁羊舌肸（叔向）。乐王鲋去监狱探望，见到羊舌肸，告诉他说："我要为你对平公说情，请他释放你。"羊舌肸拒绝说："这事必须请祁奚大夫！"羊舌氏的家臣问羊舌肸说："乐王鲋是晋侯的随臣，他愿为你向晋侯求情，肯定能够成功。为什么还一定要请祁奚？"羊舌肸说："乐王鲋从不敢违抗主公的意愿，他的意见晋侯不会采纳的。祁大夫外举不弃仇，内举不失亲，他不会独独遗弃我而不顾。"果然已经告老休息的祁奚，听说羊舌肸因兄罪被囚，立刻乘坐"传车"由祁直奔晋都拜见范士丐说："《诗经》说：'赐给我们的恩惠没有边际，子子孙孙永远保持它。'《尚书》说：'智慧的人有谋略训诲，应当相信和保护。'羊舌肸长于谋划而少有过错，教诲别人而不知疲倦，他是国家的柱石，即便是他的十代子孙有过错，也还要赦免，以此来勉励有能力的人为国家效命。现在一旦因兄罪而得祸，便要被处死，难道不会使人困惑吗？鲧被流放而死，他的儿子禹却兴起；伊尹放逐太甲，后来又做了他的宰相，太甲始终没有怨恨他；管叔、蔡叔因叛乱而被杀，其兄周公却能辅佐成王，匡复天下。现今羊舌肸却要因其兄羊舌虎有罪而被囚被杀？你要做善事，谁敢不努力，多杀人干什么？"范士丐听罢祁奚之言，面露喜色，送祁奚乘车而去，然后释放了被株连的羊舌肸。出于公心的祁奚虽然拯救了羊舌肸，却并不与之相见，直奔家乡。羊舌肸获释后也没有告诉祁奚，以示感谢，而是直接去朝见晋侯。这就是先有不隐亲仇，为国荐贤；后而不图恩报，为国保贤的晋国鲠臣祁奚名载史册的二三事。用祁奚的所作所为，鞭策教诲每一个身负国事的后人，至今看来仍有非常积极的正面作用。我们为古人树碑立传，绝不仅仅是一种文化行为，而是以史为镜，以正为本，不图虚名，不事浮华，有功不居，有过必改，成为一个踏实务实，德行兼具的脱离低级趣味的人。

祁奚其人，是一个值得我们学习、效仿的鲠宦良臣。他的品行至今都极具一定的历史意义和现实意义，是中国优秀历史文化的结晶。

为振大业将相求和的蔺相如

不审不聪则谬，不察不明则过。

——《管子·宙合》

廉颇，是战国末期赵国名将，山东德州陵县人，汉族，生卒年不详。战国时期赵国杰出的军事家。他是战国末期赵国的名将，与白起、王翦、李牧并称“战国四大名将”。

蔺相如(前 329～前 259)，是战国时赵国大臣，今河北曲阳人，一说山西临汾人，官至上卿，是赵国宦官头目缪贤的家臣，战国时期的政治家。

在战国末期，秦昭襄王一心要使赵国屈服，接连侵入赵国边境，占了一些地方。公元前 279 年，他又要了个花招，请赵惠文王到秦地渑池(今河南渑池县西)去会见。赵惠文王开始怕被秦国扣留，不敢去。大将廉颇和蔺相如都认为如果不去，反倒是向秦国示弱。

赵惠文王决定硬着头皮去冒一趟险。他叫蔺相如随同他一块儿去，让廉颇留在本国辅助太子留守。

为了防备意外。赵惠文王又派大将李牧带兵5 000人护送，相国平原君带兵几万人，在边境接应。

到了预定会见的日期，秦王和赵王在渑池相会，并且举行了宴会，高兴地喝酒谈天。

秦昭襄王喝了几盅酒，带着醉意对赵惠文王说：“听说赵王弹得一手好瑟，请赵王弹个曲儿，给大伙儿凑个热闹。”说罢，真的吩咐左右把瑟拿上来。

赵惠文王不好推辞，只好勉强弹一个曲儿。

秦国的史官当场就把这事记了下来，并且念着说：“某年某月某日，秦王和赵王在渑池相会，秦王令赵王弹瑟。”

赵惠文王气得脸都发紫了。正在这时候，蔺相如拿了一个缶(一种瓦器，可以打击配乐)，突然跪到秦昭襄王跟前，说：“赵王听说秦王挺会秦国的乐器。我这里有个瓦盆，也请大王赏脸敲几下助兴吧。”

秦昭襄王勃然变色，不去理他。

蔺相如的眼睛射出愤怒的光，说：“大王未免太欺负人了。秦国的兵力虽然强大，可是在这五步之内，我可以把我的血溅到大王身上去！”

秦昭襄王见蔺相如这股势头，十分吃惊，只好拿起击棒在缶上胡乱敲了几下。

蔺相如回过头来叫赵国的史官也把这件事记下来，说：“某年某月某日，赵王和秦王在渑池相会。秦王给赵王击缶。”

秦国的大臣见蔺相如竟敢这样伤秦王的体面，很不服气。

有人站起来说：“请赵王割让 15

座城给秦王上寿。”

蔺相如也站起来说：“请秦王把咸阳城割让给赵国，为赵王上寿。”

秦昭襄王眼看这个局面十分紧张。他事先已探知赵国派大军驻扎在临近地方，真的动起武来，恐怕也得不到便宜，就喝住秦国大臣，说：“今天是两国君王欢会的日子，诸位不必多说。”

这样，两国渑池之会总算圆满而散。

蔺相如两次出使，保全赵国不受屈辱，立了大功。赵惠文王十分信任蔺相如，拜他为上卿，地位在大将廉颇之上。

廉颇很不服气，私下对自己的门客说：“我是赵国大将，立了多少汗马功劳。蔺相如有什么了不起？倒爬到我头上来了。哼！我见到蔺相如，总要给他点颜色看看。”

这句话传到蔺相如耳朵里，蔺相如就装病不去上朝。

有一天，蔺相如带着门客坐车出门，正是冤家路窄，老远就瞧见廉颇的车马迎面而来。他叫赶车的退到小巷里去躲一躲，让廉颇的车马先过去。

这件事可把蔺相如手下的门客气坏了，他们责怪蔺相如不该这样胆小怕事。

蔺相如对他们说：“你们看廉将军跟秦王比，哪一个势力大？”

他们说：“当然是秦王势力大。”

蔺相如说：“对呀！天下的诸侯都怕秦王。为了保卫赵国，我就敢当面责备他。怎么我见了廉将军倒反怕了呢。因为我想过，强大的秦国不敢来侵犯赵国，就因为有我和廉将军两人在。要是我们两人不和，秦国知道了，就会趁机来侵犯赵国。就为了这个，我宁愿容让点儿。”

有人把这件事传给廉颇听，廉颇感到十分惭愧。他就裸着上身，背着荆条，跑到蔺相如的家里去请罪。他见了蔺相如说：“我是个粗鲁人，见识少，气量窄。哪儿知道您竟这么容让我，我实在没脸来见您。请您责打我吧。”

蔺相如连忙扶起廉颇，说：“咱们两个人都是赵国的大臣。将军能体谅我，我已经万分感激了，怎么还来给我赔礼呢。”两个人都激动得流了眼泪。打这以后，两人就做了知心朋友。在他们的辅佐下，赵国也越来越强大了。

通晓大义为计深远的触龙

正直者不可屈曲，有学问者必能辨是非。

——（宋）欧阳修

触龙，也叫触詟。战国时赵国大臣。官左师。赵孝成王新立，太后掌权，秦急攻赵。赵求救于齐。齐欲以太后所爱少子长安君为质，太后不肯，他进谏说“位尊而无功，奉厚而无劳”，

"近者祸及身,远者及其子孙"。太后为其所动,即遣长安君到齐为质。

这个故事大约发生在赵孝成王元年(公元前 265 年)。公元前 266 年,赵国国君惠文王去世,他的儿子孝成王继承王位,因为年纪轻,所以由太后执政。这个赵太后即赫赫有名的赵威后。当时的赵国,虽然有廉颇、蔺相如、平原君等人辅佐,但国势已大不如前。而秦国看到赵国正在新旧交替之际,国内动荡不安,孝成王又年少无知,认为有机可乘,于是派遣兵将"急攻之",一举攻占了赵国的三座城池,赵国危在旦夕,太后不得不请求与赵国关系密切的齐国增援。齐王虽然答应出兵,但提出赵国必须派太后的幼子长安君到齐国去作人质。

长安君是赵太后最疼爱的小儿子,做人质要寄人篱下,在那个动荡战乱的年代,人质的性命常常很难保证。所以对于齐国的要求,赵太后断然拒绝。

赵国的大臣们都十分着急,纷纷劝说太后答应齐国的条件,太后非常生气,宣下旨意:"谁再来劝我让长安君去做齐国的人质,我就啐他一脸。"大家一看,都不敢再开口了。

秦国的进攻日益加紧,赵国安全危在旦夕,老臣触龙看在眼里,十分忧虑,决定冒险再劝一次太后。太后听说后,怒气冲冲地在大殿等他。

触龙故意小步缓慢地走上殿堂,先谢罪说:"老臣的脚有毛病,不能快走,非常失礼。很久没有来拜见太后您了,担心您的身体,今天特来问候!"

看到触龙老态龙钟的样子,太后不忍苦着脸,跟着感慨道:"我现在进出也要靠车子才行了,我们都老喽!"

"那吃饭还好吗?"触龙很关切地问。

"只能喝些稀粥,成天这么多的烦心事,哪里有胃口啊!"

"我的胃口也不好,但我还坚持散散步,每天走二三里路,增加点食欲。"

"唉,我可做不到。"太后叹了口气,脸色好多了,先前的怒气基本看不到了。

这时触龙用恳求的语调说:"太后,老臣有个儿子叫舒祺,排行最小,不成材,但老臣很喜欢他,老臣想请求您让他当一名侍卫,也算为国家出些力。"

"好啊,他几岁啦?"

"15 岁,虽然还不大,但我想趁我活着的时候先安排好。"

"哈哈,原来男人也疼爱自己的小儿子。"太后笑了。

"当然,我喜欢这个小儿子比他妈妈还多呢。没办法,天下父母心嘛。"

太后很开心,谈话的气氛越发缓和了。

这时,触龙趁机说:"老臣认为太后疼爱女儿燕后比长安君要多。"

"这怎么可能?"太后睁大了眼睛。

触龙很感慨地说:"父母疼爱儿女,总是替他们做长远的打算。当年你送燕后远嫁外地,她也哭个不停,不愿意远离家乡；出嫁后，您非常想念她，但每次祭祀时总是祈祷她不要回国，好好当她的王后。这不是替她做长远打算，让她的子孙世代继承王位吗？”

“是啊！”太后点头说。

触龙进一步说：“您想过没有，三代以前，甚至赵国的开国重臣，现在子孙还封侯的还有吗？”

“没有了。”太后想了一下说。

“是那些封侯人的子孙都不好吗，没有能力吗？不是的。关键是他们没有功劳。没有功绩却享受很高的俸禄，有很高的地位，时间长了就难服众啦。现在你宠爱长安君，可以提高他的地位，赐予他土地与财宝，可你不让他为国立功，您百年之后，长安君凭什么服众呢？所以我认为您没有替长安君长远打算，说您对他的爱不如对燕后的爱。”

一席话，让赵太后醒悟了，她改变了想法，同意长安君到齐国为人质，让他为解决赵国的危机出力。齐国很快出兵，击退了秦军，赵国平安了。

孟母明辨是非教子有方

> 容人之过，却非顺人之非。
>
> ——（清）陈宏谋

孟子的母亲姓仇，父亲名叫孟激，字公宜，是一位怀才不遇的读书人，他为更大的发展，光耀门楣，抛别娇妻稚子，远赴宋国游学求仕，3 年后，带给孟母的是晴天霹雳般的噩耗，从此孤立无援的孟母开始了坎坷的人生旅途。她下定决心，要凭着自己的双手谋取衣食所需，更要以自己的力量，把独生儿子教养成为一个有用的人。

孟母不只是小心翼翼地注意儿子起居冷暖，更不厌其烦地以“言教”和“身教”来完善儿子的人格。大体上一个人的基本人格是在 6 岁以前基本形成的，从此根深蒂固。6 岁以后，活动范围逐渐扩大，自然而然就会受到周围环境的影响，使原本已经塑造完成的脆弱人格模式，遭逢强烈的试练和考验，这时是“近朱者赤，近墨者黑”，“染于苍则苍，染于黄则黄”，环境十分重要。

孟家原在马鞍山下的凫村，山麓坟茔处处，村中儿童追逐嬉戏，不时看到丧葬的情形，也三五成群地模仿大人们的礼仪，扮演丧葬的过程，孟母突然发现，一向伶俐听话的儿子，已受到了不良环境的影响，孟母看在眼里，痛在心里，可也不能老是把一个活泼好动的孩子关在家里，唯一办法就是变更居住环境。从此为了给儿子寻找一个好的生活、学习环境，孟母开始了漫长的迁居活动，至今还留传下“孟母三迁”的美谈。

经过一番周折，孟家母子从凫村

迁到了10里外的庙户营村，这里是一个“日中为市”的交易集市，每逢1、3、5、7、9单日，远远近近的百姓们，手拎肩挑一些自己的土产来到集市交易，讨价还价，喧嚣热闹，这场面对孩子来说是颇有吸引力的，耳濡目染，孟子和其他一些孩子也学会了锱铢必较的模样。孟母忐忑不安，住了半年又再次迁居。

孟母既不愿儿子成为一个默默无闻的人，也不屑于儿子沾染唯利是图的市侩气，她一定要选择一个适合儿子成长的环境，她第三次把家搬到了邹城的学宫附近，虽然房子湫隘不堪，但是孟母带着儿子还是安安心心地定居下来。

学宫附近常常有读书人来往，高雅的气韵，从容的风范，优雅的举止与循规蹈矩的礼仪行为，都给附近居民不少潜移默化的影响，尤其是初解人事的孩子们，常群集在大树底下，演练学宫中揖让进退的礼仪，有模有样，一片庄严肃穆的景象，使得远远察看的孟母内心深处大为高兴：“这才是孩子们最佳的居住环境！”她由衷地发出感叹。

做人要求诚实，所谓“言必行，行必果。”当孟家还在庙户营村市集旁居住时，东邻有人杀猪，孟子不解地问母亲：“邻家杀猪干什么？”孟母当时正忙，便随口漫应：“给你吃！”孟子十分高兴等待食肉，孟母为了不失信于儿子，忍痛在捉襟见肘的生活费中，拨出一部分钱买了一块肉，让儿子吃了个痛快。

做事必须要有恒心，一旦认准目标，就不为外界所干扰。孟子具有天生的灵性与慧根，但也有一般幼童共有的怠惰贪玩习惯。有一天，孟子竟然逃学到外面玩了半天。当儿子回家时，孟母不声不响地拿起一把剪刀，将织成的一段锦绢咔嗒咔嗒，拦腰剪成两段，就在孟子惊愕不解时，孟母说道：“你的废学，就像我剪断织绢！一个君子学以成名，问则广知，所以居则安宁，动则远害，你今天不读书，就不可以离于祸患，今后永远就只做一些蝇营狗苟的小事，中道废而不为，怎么能衣其夫子，而不乏粮食呢？”孟母用“断织”来警喻“辍学”，指出做事半途而废，后果是十分严重的。“断织督学”的一幕在孟子小小的心灵中，留下了既惊且惧的鲜明印象，从此孜孜汲汲，日夜勤学不息。

春秋战国时代，学术风气蓬勃发展，诸子百家争奇斗胜，使人眼花缭乱，不知如何选择才好，然而孟母有她坚决的主张，无视于老庄的玄虚，不屑于杨朱的功利，唯独醉心于孔子的忠恕之道，亲自寻寻觅觅，终于在孔门诸子中为孟子找到启蒙老师。

当时孔子的孙子孔极，字子思，正在曲阜设馆教授六艺，远近学子纷纷负笈前往就教，孟子15岁时，在孟母的鼓励下，由邹城来到了曲阜。从此正式接受到儒学的精髓，子思对孟子青睐有加，对左右说："孟孺子性乐仁义，言称尧舜，世所稀有也。"从此孟子在子思门下埋头读了5年，学问德业，突飞猛进，终于继承了孔子的衣钵。

孟母对儿子的教育无微不至，即使在成亲之后，夫妇相处之道，还得烦劳老母为他操心，古《烈女传》记载：孟妻由氏在卧室内裸袒身躯走动，孟子勃然不悦，由氏认为丈夫太过见外，就求婆婆解说。长期以来，孟子对自己的妻子总是不满，认为她太过倨傲，竟有意休妻。孟母对儿子晓以大义："夫礼，将入门，问孰存，所以致敬也。将上堂，声先扬，所以戒人也。将入户，视必下，所以恐见人过也。今汝往燕私之处，入户不有声，令人袒而在内，踞而视之，是汝非礼也，非妇无礼也。"孟子深感自己孟浪，于是心中芥蒂尽除，与妻子和乐相处如初。

孟母一生操劳，身体十分硬朗，对于孟子的照顾及督教也毫不放松，除了孟子周游列国那一段时日以外，绝大部分的时间，都是为了奉养老母，担任齐国一个消闲的教授职务，而不忍远离故国谋求更大的发展。

在齐国，孟子多次向当政者阐述自己的政治主张，齐宣王虽然以年禄10万钟来酬谢孟子，但却不肯积极地实行他的政治主张，对此，孟子如是说："君子称身就位，不为苟得而受赏。"孟子不贪荣禄，他希望实现自己的政治抱负。

孟子理想的去处是宋国，但为了奉养老母而一再迁延，光阴荏苒，悠忽30年岁月过去了，孟母已经年逾古稀，而孟子也已是知命之年，整日长吁短叹，闷闷不乐，孟母问明原因，又对儿子说出了一段千古名言：

"夫妇人之礼，精五味，擅酒浆，养舅姑，缝衣裳而已，故有闺内之修，而无境外之志。以言妇人，无擅制之义，而有三从之道也，故年少则从乎父母，出嫁则从乎夫，夫死则从乎子，礼也。今子成人也，而我老矣！子行乎子义，吾行乎吾礼。"

三言两语就把孟子心中的积虑一扫而空，于是孟子再次周游列国，受到了空前的尊敬与欢迎，可惜就在儿子扬眉吐气的时候，孟母却一瞑不视。在归葬故乡——马鞍山时，过去的乡邻争相在路旁祭奠，极尽哀思。如今在山东省邹城县北20里的马鞍山麓，还留有古柏森森的孟母墓，历代都有石刻颂扬她的坚贞志节与慈母风范，并建有孟母祠。

作为一位女性，孟母的伟大之处岂止"精五味，置酒浆，养舅姑，缝衣裳，"以及"三从之道"，她更重要的是能在儿子的成长过程中，按阶段给予不同程度的教育，她是一支蜡烛，燃烧了自己，照亮了儿子的前程，孟子能成为"亚圣"，成为中国封建社会正统思想体系中地位仅次于孔子的人，多得力于他的母亲。孟子的母亲是位伟大的女性，她克勤克俭，含辛茹苦，坚守志节，抚育儿子，从慎始、励志、敦品、勉学以至于约礼、成金，数十年如一日，丝丝入扣，毫不放松，既成就了孟子，更为后世的母亲留下一套完整的教子方案，她本人也成为名垂千秋万世的模范母亲，属于典型的中国良母。

不只顾眼前利益的冯谖

> 听言之道，必以其事观之，则言者莫敢妄言。
>
> ——《汉书》

孟尝君，名田文（？—前279），中国战国四公子之一，自幼在邻居家放牛。汉族，齐国宗室大臣。其父靖郭君田婴是齐威王幺儿、齐宣王的异母弟弟，曾于齐威王时担任要职，于齐宣王时担任宰相，封于薛（今山东滕州东南），权倾一时，谥为靖郭君。田婴死后，田文继位于薛，是为孟尝君，以广招宾客，食客三千闻名。

战国时期，秦昭襄王为了拆散齐楚联盟，他使用两种手段。对楚国他用的是硬手段，对齐国他用的是软手段。他听说齐国最有势力的大臣是孟尝君，就邀请孟尝君上咸阳来，说是要拜他为丞相。

孟尝君是齐国的贵族，他为了巩固自己的地位，专门招收人才。凡是投奔到他门下来的，他都收留下来，供养他们。这种人叫做门客，也叫做食客。据说，孟尝君门下一共养了3 000个食客。其中有许多人其实没有什么本领，只是混口饭吃。

孟尝君上咸阳去的时候，随身带了一大帮门客。秦昭襄王亲自欢迎他。孟尝君献上一件纯白的狐狸皮的袍子作见面礼。秦昭襄王知道这是很名贵的银狐皮，很高兴地把它藏在内库里。

秦昭襄王本来打算请孟尝君当丞相，有人对他说：“田文是齐国的贵族，手下人又多。他当了丞相，一定先替齐国打算，秦国不就危险了吗？”

秦昭襄王说：“那么，还是把他送回去吧。”

他们说：“他在这儿已经住了不少日子，秦国的情况他差不多全知道，哪儿能轻易放他回去呢？”

秦昭襄王就把孟尝君软禁起来。

孟尝君十分着急，他打听得秦王身边有个宠爱的妃子，就托人向她求救。那个妃子叫人传话说：“叫我跟大王说句话并不难，我只要一件银狐皮袍。”

孟尝君和手下的门客商量，说：“我就这么一件，已经送给秦王了，哪里还能要得回来呢？”

其中有个门客说：“我有办法。”

当天夜里，这个门客就摸黑进王宫，找到了内库，把狐皮袍偷了出来。

孟尝君把狐皮袍子送给秦昭襄王的宠妃。那个妃子得了皮袍，就向秦昭襄王劝说把孟尝君释放回去。秦昭襄王果然同意了，发下过关文书，让孟尝君他们回去。

孟尝君得到文书，急急忙忙地往函谷关跑去。他怕秦王反悔，还改名换姓，把文书上的名字也改了。到了关上，正赶上半夜里。依照秦国的规矩，每天早晨，关上要到鸡叫的时候才许放人。大伙儿正在愁眉苦脸盼天亮的时候，忽然有个门客捏着鼻子学起公鸡叫来。一声跟着一声，附近的公鸡全都叫起来了。

守关的人听到鸡叫，开了城门，验过过关文书，让孟尝君出了关。

秦昭襄王果然后悔，派人赶到函谷关，孟尝君已经走远了。

孟尝君回到齐国，当了齐国的相国。他门下的食客就更多了。他把门客分为几等：头等的门客出去有车马，一般的门客吃的有鱼肉，至于下等的门客，就只能吃粗菜淡饭了。有个名叫冯谖（一作冯煖）的老头子，穷苦得活不下去，投到孟尝君门下来作食客。孟尝君问管事的："这个人有什么本领？"

管事的回答说："他说没有什么本领。"

孟尝君笑着说："把他留下吧。"

管事的懂得孟尝君的意思，就把冯谖当作下等门客对待。过了几天，冯谖靠着柱子敲敲他的剑哼起歌来："长剑呀，咱们回去吧，吃饭没有鱼呀！"

管事的报告孟尝君，孟尝君说："给他鱼吃，照一般门客的伙食办吧！"

又过了5天，冯谖又敲打他的剑唱起来："长剑呀，咱们回去吧，出门没有车呀！"

孟尝君听到这个情况，又跟管事的说："给他备车，照上等门客一样对待。"

又过了5天，孟尝君又问管事的，那位冯先生还有什么意见。管事的回答说："他又在唱歌了，说什么没有钱养家呢。"

孟尝君问了一下，知道冯谖家里有个老娘，就派人给他老娘送了些吃的穿的。这一来，冯谖果然不再唱歌了。

孟尝君养了这么多的门客，管吃管住，光靠他的俸禄是远远不够花的。他就在自己的封地薛城（今山东滕县东南）向老百姓放债收利息，来维持他家的巨大的耗费。

有一天，孟尝君派冯谖到薛城去收债。冯谖临走的时候，向孟尝君告别，问："回来的时候，要买点什么东西来？"

孟尝君说："你瞧着办吧，看我家缺什么就买什么。"

冯谖到了薛城，把欠债的百姓都召集拢来，叫他们把债券拿出来核对。老百姓正在发愁还不出这些债，冯谖却当众假传孟尝君的决定：还不出债的，一概免了。

老百姓听了将信将疑，冯谖干脆点起一把火，把债券烧掉。

冯谖赶回临淄,把收债的情况原原本本告诉孟尝君。孟尝君听了十分生气:"你把债券都烧了,我这里3 000人吃什么?"

冯谖不慌不忙地说:"我临走的时候您不是说过,这儿缺什么就买什么吗?我觉得您这儿别的不缺少,缺少的是老百姓的情义,所以我把'情义'买回来了。"

孟尝君很不高兴地说:"算了吧!"

后来,孟尝君的声望越来越大。秦昭襄王听到齐国重用孟尝君,很担心,暗中打发人到齐国去散播谣言,说孟尝君收买民心,眼看就要当上齐王了。齐湣王听信这些话,认为孟尝君名声太大,威胁他的地位,决定收回孟尝君的相印。孟尝君被革了职,只好回到他的封地薛城去。

这时候,3 000多门客大都散了,只有冯谖跟着他,替他驾车上薛城。当他的车马离开薛城还差100里的时候,只见薛城的百姓,扶老携幼,都来迎接。

孟尝君看到这番情景,十分感触。对冯谖说:"你过去给我买的'情义',我今天才看到了。"

曹操军令如山割发示警

> 不以规矩,无以成方圆。
>
> ——《孟子》

魏武帝曹操(155～220),字孟德,小名阿瞒、吉利,沛国谯(今安徽亳州)人,是东汉末年杰出的政治家、军事家、文学家、诗人,汉族人。曹操有着极强的军事才能,消灭了众多割据势力,统一了中国北方大部分区域,并实行一系列政策恢复经济生产和社会秩序,奠定了曹魏立国的基础。

东汉灵帝熹平三年,曹操就任洛阳北部尉,入仕途后即与祖辈所从属的宦官集团针锋相对。董卓在朝专权,曹操拒绝他的拉拢,聚兵5 000与各地豪强一样拥兵割据。后来曹操逼迫汉献帝迁都许都,挟天子以令诸侯,自任大将军,总揽军政。

曹操身为丞相,看到自己手下有些士兵不懂得爱护庄稼,常有人在庄稼地里乱跑,踩坏庄稼,很生气。因此他下了一道极其严厉的命令:全军将士,一律不得践踏庄稼,违令者斩!将士们都知道曹操一向军令如山,令出必行,令禁必止,决不姑息宽容。所以此令一下,将士们小心谨慎,唯恐犯了军纪。将士们操练、行军经过庄稼地旁边的时候,总是小心翼翼地通过。有时,将士们看到路旁有倒伏的庄稼,还会过去把它扶起来。可是有一次,曹操率领士兵们去打仗,那时候正好是小麦快成熟的季节。曹操骑在马上,望着一望无际的金黄色的麦浪,心里十分高兴。正当曹操骑在马上边走边想问题的时候,突然"扑喇喇"的一声,从路旁的草丛里窜出几只斑鸠,从曹操的马前飞过。马被这突如其来的情况吓惊了，嘶叫着狂奔起来，跑进了附近的麦子地。等到曹操使劲勒住了惊马，地里的麦子已经被踩倒了一大片。看到眼前的情景，曹操把执法官叫了来，十分认真地对他说："今天，我的马踩坏了麦田，违犯了军纪，请你按照军法给我治罪吧！"听了曹操的话，执法官犯了难。按照曹操制定的军纪，踩坏了庄稼，是要治死罪的。可是，曹操是主帅，军纪也是他制定的，怎么能治他的罪呢？身边其他的将士们也纷纷认为不要。结果，丞相执意要领罪，众将官纷纷上前哀求，请他不要处罚自己。曹操见大家求情，沉思了一会说："我是主帅，治死罪是不适宜。不过，不治死罪，也要治罪，那就用我的头发来代替我的首级（即脑袋）吧！"说完他拔出了宝剑，割下了自己的一把头发。

曹操好兵法，著有几十万字的兵书。他所著的《孙子略解》开创了整理注释《孙子》13篇的先河，丰富和发展了中国古代军事理论。曹操"兵以义动"的战争观，因事设奇、任势制胜的"诡诈论"，注重后勤保障和加强水军建设的远见，颇受后世推崇。

《孝经》上说："身体发肤，受之父母，不敢毁伤，孝之始也。"意思就是：人的身体四肢、毛发皮肤，都是父母赋予的，不敢予以损毁伤残，这是孝的开始。在现在看来割点头发不是什么了不得的事情，但古代人的观念中，自己身上的一切都是不可抛弃的。所以，曹操割发代首不是不高明的权术，这在当时实在是十分严重的处罚。但军令如山，如果自己都不遵守规定，违法乱纪，那以后的军威也就荡然无存了。面对私情和军纪，曹操明辨是非，才能一统北方，成就大业。如此一个人物，实在是令人可敬可佩，且很可爱的。

七擒孟获以德服人的诸葛亮

> 人不易知，知人不易。
>
> ——《明通鉴》

诸葛亮（181—234），字孔明，号卧龙（也作伏龙），汉族，琅琊阳都（今山东临沂市沂南县）人，蜀汉丞相，三国时期杰出的政治家、外交家、发明家、军事理论家。在世时被封为武乡侯，谥曰忠武侯。

三国时期，蜀汉先主刘备在永安病势越来越重。他把诸葛亮从成都召到永安，嘱咐后事。他对诸葛亮说："您的才能比曹丕高出10倍，一定能够把国家治理好。我的孩子阿斗（太子刘禅的小名），您认为可以辅助，就辅助他；如果不行，您就自己来做一国之主吧。"诸葛亮流着眼泪，哽咽着说："我怎敢不尽心竭力，报答陛下，一直到死！"刘备把小儿子刘永叫到身边，叮嘱他说："我死之后，你们兄弟要像对待父亲一样尊敬丞相。”

刘备死后，诸葛亮回到成都，扶助刘禅即了帝位，历史上称为蜀汉后主。刘禅即位后，朝廷上的事不论大小，都由诸葛亮来决定。诸葛亮兢兢业业，治理国家，想使蜀汉兴盛起来。没料到南中地区（今四川省大渡河以南和云南、贵州一带）几个郡倒先闹起来了。

益州郡有个豪强雍闿，听说刘备死去，就杀死了益州太守，发动叛变。他一面投靠东吴，一面又拉拢了南中地区一个少数民族首领孟获，叫他去联络西南一些部族起来反抗蜀汉。经过雍闿的煽动，部族酋长高定，也都响应雍闿。这样一来，蜀汉差不多丢了一半土地，怎么不叫诸葛亮着急呢？可是，当时蜀汉刚遭到猇亭大败和先主死亡，顾不上出兵。诸葛亮一面派人和东吴重新讲和，稳住了这一头；一面奖励生产，兴修水利，积蓄粮食，训练兵马。过了 2 年，局面稳定了，诸葛亮决定发兵南征。

公元 225 年 3 月，诸葛亮率领大军出发。诸葛亮好友马良的弟弟、参军马谡送诸葛亮出城，一直送了几十里地。临别的时候，诸葛亮握住马谡的手，诚恳地说：“我们相处好几年了。今天临别，您有什么好主意告诉我吗？”马谡说：“南中的人依仗地形险要，离开都城又远，早就不服管了。即使我们用大军把他们征服了，以后还是要闹事的。我听说用兵的办法，主要在于攻心，攻城是次要的。丞相这次南征，一定要叫南人心服，才能够一劳永逸呢。”马谡的话，正合诸葛亮的心意。诸葛亮不禁连连点头说：“谢谢您的帮助，我一定这样办。”诸葛亮率领蜀军向南进军，节节胜利。大军还在半路上，越巂酋长高定和雍闿已经发生火并。高定的部下杀了雍闿。蜀军打进越巂，又把高定杀了。诸葛亮派李恢、马忠两员大将分两路进攻，不到半个月，4 个郡的叛乱很快就平定了。但是事情还没有结束。南中酋长孟获收集了雍闿的散兵，继续反抗蜀兵。诸葛亮一打听，知道孟获不但打仗骁勇，而且在南中地区各族群众中很有威望。诸葛亮想起马谡临别的话，决心把孟获争取过来。他下了一道命令，只许活捉孟获，不能伤害他。

好在诸葛亮善于用计谋，蜀军和孟获军队交锋的时候，蜀军故意败退下来。孟获仗着他人多，一股劲儿追了过去，很快就中了蜀兵的埋伏。南兵被打得四处逃散，孟获本人就被活捉了。孟获被押到大营，心里想，这回一定没有活路了。没想到进了大营，诸葛亮立刻叫人给他松了绑，好言好语劝说他归降。但是孟获不服气，说：“我自己不小心，中了你的计，怎么能叫人心服？”诸葛亮也不勉强他，陪着他一起骑着马在大营外兜了一圈，看看蜀军的营垒和阵容。然后又问孟获：“您看我们的人马怎么样？”孟获傲慢地说：“以前我没弄清楚你们的虚实，所以败了。今天承蒙您给我看了你们的阵势，我看也不过如此。像这样的阵势，要打赢你们也不难。”诸葛亮爽朗地笑了起来，说：“既然这样，您就回去好好准备一下再打吧！”

孟获被释放以后，逃回自己部落，重整旗鼓，又一次进攻蜀军。但是他本是一个有勇无谋的人，哪里是诸葛亮的对手，第二次又乖乖地被活捉了。诸葛亮劝他，见孟获还是不服，又放了他。像这样又放又捉，一次又一次，一直把孟获捉了 7 次。到了孟获第 7 次被捉的时候，诸葛亮还要再放。孟获却不愿意走了。他流着眼泪说：“丞相七擒七纵，待我可说是仁至义尽了。我打心底里敬服。从今以后，不敢再反了。”

孟获回去以后，还说服各部落全部投降，南中地区就重新归蜀汉控制。

诸葛亮平定南中后，命令孟获和各部落的首领照旧管理他们原来的地区。有人对诸葛亮说：“我们好不容易征服了南中，为什么不派官吏来，反倒仍旧让这些头领管呢？”诸葛亮说：“我们派官吏来，没有好处，只有不方便。因为派官吏，就得留兵。留下大批兵士，粮食接济不上，叫他们吃什么？再说，刚刚打过仗，难免死伤了一些人，如果我们留下官吏统治，一定会发生祸患。现在我们不派官吏，既不要留军队，又不需要运军粮。让各部落自己管理，汉人和各部落相安无事，岂不更好？”大家听了诸葛亮这番话，都钦佩他想得周到。

诸葛亮率领大军回到成都。后主和朝廷大臣都到郊外迎接，大家都为平定南中而感到高兴。

越王勾践卧薪尝胆

国耻未雪，何由成名？
——李白

公元前 496 年，吴王派兵攻打越国，被越王勾践打得大败，吴王也受了重伤，临死前，嘱咐儿子夫差要替他报仇。夫差牢记父亲的话，日夜加紧练兵，准备攻打越国。

过了两年，夫差率兵把勾践打得大败，勾践被包围，无路可走，准备自杀。这时谋臣文种劝住了他，说：“吴国大臣伯嚭贪财好色，可以派人去贿赂他。”勾践听从了文种的建议，就派他带着美女西施和珍宝贿赂伯嚭，伯嚭答应带西施和文种去见吴王。文种见了吴王，献上西施，说：“越王愿意投降，做您的臣下伺候您，请您能饶恕他。”伯嚭也在一旁帮文种说话。伍子胥站出来大声反对道：“人常说‘治病要除根’，勾践深谋远虑，文种、范蠡精明强干，这次放了他们，他们回去后就会想办法报仇的！”这时的夫差以为越国已经不足为患，又看上了西施的美色，就不听伍子胥的劝告，答应了越国的投降，把军队撤回了吴国。吴国撤兵后，勾践带着妻子和大夫范蠡到吴国伺候吴王，放牛牧羊，终于赢得了吴王的欢心和信任。三年后，他们被释放回国了。

勾践回国后，立志发愤图强，准备复仇。他怕自己贪图舒适的生活，消磨了报仇的志气，晚上就枕着兵器，睡在稻草堆上，他还在房子里挂上一只苦胆，每天早上起来后就尝尝苦胆，不断地让人提醒自己："你忘了三年的耻辱了吗？"他派文种管理国家政事，范蠡管理军事，他亲自到田里与农夫一起干活，妻子也纺线织布。勾践的这些举动感动了越国上下官民，经过十年的艰苦奋斗，越国终于兵精粮足，转弱为强。再说吴王夫差自从战胜越国后，以为没有了后顾之忧，从此沉迷于西施的美色，过着骄奢淫逸的生活。他又狂妄自大，不顾人民的困苦，经常出兵与其他国家打战。他还听信伯嚭的谗言，杀了忠臣伍子胥。这时的吴国，貌似强大，实际上已经是走下坡路了。

公元前 482 年，夫差亲自带领大军北上，与晋国争夺诸侯盟主。越王勾践趁吴国精兵在外，突然袭击，一举打败吴国军队，杀了太子友。夫差听到这个消息后，急忙带兵回国，并派人向勾践求和。勾践估计一下子灭不了吴国，就同意了。公元前 473 年，勾践第二次亲自带兵攻打吴国。这时的吴国已经是强弩之末，根本抵挡不住越国军队，屡战屡败。最后，夫差又派人向勾践求和，范蠡坚决主张要灭掉吴国。夫差见求和不成，才后悔没有听伍子胥的忠告，非常羞愧，就拔剑自杀了。

不畏强权　直言进谏

BU WEI QIANG QUAN　ZHI YAN JIN JIAN

以死明志不同流合污的屈原

> 庸人之目，见利而不见害，见得而不见失。
>
> ——（清）张伯行

屈原是战国末期楚国人，杰出的政治家和爱国诗人。名平，字原。楚武王熊通之子屈瑕的后代，丹阳（今湖北秭归）人。他是我国第一位伟大的爱国主义诗人，开创了诗歌从集体歌唱转变为个人独立创作的新纪元，是我国积极浪漫主义诗歌传统的奠基人，“世界四大文化名人”（另有波兰的哥白尼、英国的莎士比亚、意大利的但丁）之一。

楚国自从被秦国打败以后，一直受秦国欺负，楚怀王又想重新和齐国联合。秦昭襄王即位以后，很客气地给楚怀王写信，请他到武关（在陕西丹凤县东南）相会，当面订立盟约。

楚怀王接到秦昭襄王的信，不去呢，怕得罪秦国；去呢，又怕出危险。他就跟大臣们商量。

大夫屈原对楚怀王说：“秦国强暴得像豺狼一样，咱们受秦国的欺负不止一次了。大王一去，准上他们的圈套。”可是怀王的儿子公子子兰却一股劲儿劝楚怀王去，说：“咱们为了把秦国当做敌人，结果死了好多人，又丢了土地。如今秦国愿意跟咱们和好，怎么能推辞人家呢？”

楚怀王听信了公子子兰的话，就上秦国去了。

果然不出屈原所料，楚怀王刚踏进秦国的武关，立刻被秦国预先埋伏下的人马截断了后路。在会见时，秦昭襄王逼迫楚怀王把黔中的土地割让给秦国，楚怀王没答应。秦昭襄王就把楚怀王押到咸阳软禁起来，要楚国大臣拿土地来赎才放他。

楚国的大臣们听到国君被押，把太子立为新的国君，拒绝割让土地。这个国君就是楚顷襄王。公子子兰当了楚国的令尹。楚怀王在秦国被押了一年多，吃尽苦头。他冒险逃出咸阳，又被秦国派兵追捕了回去。他连气带病，没有多久就死在秦国。

楚国人因为楚怀王受秦国欺负，死在外头，心里很不平。特别是大夫屈原，更是气愤。他劝楚顷襄王搜罗人才，远离小人，鼓励将士，操练兵马，为国家和怀王报仇雪耻。可是他这种劝告不但不顶事，反倒招来了令尹子兰和靳尚等人的仇视。他们天天在顷襄王面前说屈原的坏话。他们对楚顷襄王说："大王没听说屈原数落您吗？他老跟人家说：大王忘了秦国的仇恨，就是不孝；大臣们不主张抗秦，就是不忠。楚国出了这种不忠不孝的君臣，哪儿能不亡国呢？大王，你想想这叫什么话！"楚顷襄王听了大怒，把屈原革了职，放逐到湘南去。

屈原抱着救国救民的志向，富国强民的打算，反倒被奸臣排挤出去，简直气疯了。他到了湘南以后，经常在汨罗江（在今湖南省东北部）一带一边走，一边唱着伤心的诗歌。

附近的庄稼人知道他是一个爱国的大臣，都挺同情他。这时候，有一个经常在汨罗江上打鱼的渔父，很佩服屈原的为人，但就是不赞成他那愁闷的样子。

有一天，屈原在江边遇见渔父。渔父对屈原说："您不是楚国的大夫吗？怎么会弄到这等地步呢？"屈原说："许多人都是肮脏的，只有我是个干净人；许多人都喝醉了，只有我还醒着。所以我被赶到这儿来了。"渔父不以为然地说："既然您觉得别人都是肮脏的，就不该自命清高；既然别人喝醉了，那么您何必独自清醒呢！"屈原反对说："我听人说过，刚洗头的总要把帽子弹弹，刚洗澡的人总是喜欢掸掸衣上的灰尘。我宁愿跳进江心，埋在鱼肚子里去，也不能拿自己干净的身子跳到污泥里，去染得一身脏。"

由于屈原不愿意随波逐流活着，到了公元前278年五月初五那天，他终于抱着一块大石头，跳到汨罗江里自杀了。附近的庄稼人，得到这个信儿，都划着小船去救屈原。可是一片汪洋大水，哪儿有屈原的影儿。大伙儿在汨罗江上捞了半天，也没有找到屈原的尸体。渔父很难受，他对着江面，把竹筒子里的米撒了下去，算是献给屈原的。到了第二年五月初五那一天，当地的百姓想起这是屈原投江一周年的日子，又划了船把竹筒子盛了米撒到水里去祭祀他。后来，他们又把盛着米饭的竹筒子改为粽子，划小船改为赛龙舟。这种纪念屈原的活动渐渐成为一种风俗。人们把每年农历五月初五称为端午节，据说就是这样来的。

屈原死后，留下了一些优秀的诗歌，其中最有名的是《离骚》。他在诗歌里，痛斥卖国的小人，表达了他忧国忧民的心情，对楚国的一草一木，都寄托了无限的深情。后来人们认为屈原是我国古代一位杰出的爱国诗人。

见义勇为舍生取义的刘翊

见义不为，非勇也。

——《论语》

刘翊，字子相，东汉颍阴人，为人重义守德，家中世代产业丰足，经常救济他人而不愿他人报答。

刘翊有一次在汝南旅行，陈国有位叫张季礼的人要到远方赶赴丧礼，不料遇上寒冰，车子坏了，所以停滞在道路上。刘翊见到后，立即下车，将自己的车子给了张季礼，而且没有说自己的名字，骑上马便走了。张季礼猜想他可能就是传闻中重德重义的刘翊，事后他专程来到颍阴，想要将车子还给刘翊，可刘翊知道后关上门，让人说自己出去了，不同张季礼相见。

刘翊坚守自己的志向，一直不肯屈从朝廷的任命。后来接受了颍川太守种拂的任命，担任功曹，因为在一件关系种拂生死福祸的事情上帮了大忙，所以种拂要举荐刘翊为孝廉，但刘翊推辞了，正直的他耻于利用这种事来获取功名。

后来发生战乱，当地的郡县发生饥荒，刘翊努力救济那些缺粮断粮的人，靠他而活下来的有几百人。总之，乡里宗族中只要有人需要帮助和救济，他总是全力帮助救济。

汉献帝（刘协）迁都西京后，刘翊被举荐为计掾，后来因为立了功而被皇帝特地下诏任命为议郎，调任陈留太守。刘翊将自己手上持有的珍宝全部分给了他人，自己仅留下车马赴任去了。

出了函谷关几百里地后，刘翊发现一位士大夫病死在路旁，刘翊于是用自己的马换了棺材，脱下自己的衣服将死者收殓了。

走了一段路，又遇到以前认识的一个人在路上窘困饥饿，刘翊不忍心丢下他，便将驾车的牛又杀了，用来解除这人的困乏。大家都曾劝阻他，刘翊说："见死不救，这可不是有志之士。"后来，刘翊同那些人竟然都饥饿而死。

见人有难，能够没有私心，倾其所有予以帮助救济，即使失去性命也在所不惜，这就是我们神传文化中讲的"舍生取义"吧！

敢说真话直言进谏的魏征

谗言谨莫听，听之祸殃结。

——《全唐诗外编》

魏征（580～643）字玄成，唐初杰出的政治家、思想家、史学家，河北巨鹿人，从小丧失父母，家境贫寒，但喜爱读书，不理家业，曾出家当过道士。隋大业末年，魏征被隋武阳郡(治所在今河北大名东北)丞元宝藏任为书记。元宝藏举郡归降李密后，他又被李密任为元帅府文学参军，专掌文书卷宗。

魏征进谏，凡是他认为正确的意见，必定当面直谏，坚持到底，决不背后议论，这是他的可贵之处。有一次，唐太宗对长孙无忌说："魏征每次向我进谏时，只要我没接受他的意见，他总是不答应，不知是何缘故?"未等长孙无忌答话，魏征接过话头说："陛下做事不对，我才进谏。如果陛下不听我的劝告，我又立即顺从陛下的意见，那就只有依照陛下的旨意行事，岂不违背了我进谏的初衷了吗?"太宗说："你当时应承一下，顾全我的体面，退朝之后，再单独向我进谏，难道不行吗?"魏征解释道："从前，舜告诫群臣，不要当面顺从我，背后又另讲一套，这不是臣下忠君的表现，而是阳奉阴违的奸佞行为。对于您的看法，为臣不敢苟同。"太宗非常赞赏魏征的意见。

在国家大政方针上，尤其是大乱之后拨乱反正，魏征主张宜快不宜慢，宜急不宜缓。唐太宗即位之时百废待兴。一天，他问魏征："贤明的君主治理好国家需要百年的功夫吧?"魏征不同意太宗的想法，他说："圣明的人治理国家，就像声音立刻就有回音一样，一年之内就可见到效果，二年见效就太晚了，怎么要等百年才能治理好呢?"尚书仆射封德彝嘲笑魏征的看法，魏征说："大乱之后治理国家，就像饿极了的人要吃东西一样，来得更快。行帝道则帝，行王道则王，事在人为，而不是人民是否可以教化。"太宗听从了魏征的意见，积极采取有效措施，只过了三两年，唐朝就出现了贞观之治的局面。

魏征还主张取信于民，不要朝令夕改，让人无所适从。唐朝原定18岁的男子才能参加征兵服役。一次，为了多征兵巩固边境，唐太宗要求16岁以上男子全部应征，魏征坚决不同意。他说："涸泽而渔，焚林而猎，是杀鸡取卵的做法。兵不在多而在精，何必为了充数把不够年龄的人也弄来呢?况且这也是失信于民。"唐太宗问自己是否有失信于民的事，魏征举了3个例子。太宗虽然觉得言词尖刻，难听刺耳，但心中仍很高兴，认为魏征忠于朝廷，是以精诚之心辅佐自己以信义治国。于是便下令停止执行征召中男入伍。同时奖赏魏征金瓮一口，以资鼓励。

在个人享乐方面，魏征经常犯颜直谏。有一次，唐太宗想去南山打猎，车马都准备好了，最后还是没敢去。魏征问他为什么没有出去，太宗说："我起初是想去打猎，可又怕你责备，就不敢出去了。"还有一次，唐太宗从长安去洛阳，因为当地供应的东西不好，唐太宗很生气。魏征对太宗说："隋炀帝就是因为无限制的追求享乐而灭亡的。现在因为供应不好就发脾气，以后必然上行下效，各地方拼命供奉陛下，以求陛下满意。供应是有限的，人的奢侈欲望是无限的，如此下去，隋朝的悲剧又该重演了。”太宗听了这番话肃然心惊，以后很注意节俭。

对于唐太宗的品德修养，魏征也很重视。他直言不讳地对太宗说：“居人上者，其身正，不令而行；其身不正，虽令不从。”他还引用荀子的话告诫太宗：君主似舟，人民似水，水能载舟，亦能覆舟。这句话对唐太宗震动很大，他一直牢记在心。一次，太宗问魏征怎样做一个明君而不要做一个昏君，魏征就讲了隋朝虞世基的故事。虞世基专门投隋炀帝所好，专说顺话，不讲逆耳之言；专报喜，不报忧，结果隋朝灭亡。由此魏征得出了一个著名的结论，即“兼听则明，偏听则暗”。

魏征和唐太宗相处 17 年，一个以直言进谏著称，一个以虚怀纳谏出名，尽管有时争论激烈，互不相让，最后太宗也能按治道而纳谏，这种君臣关系，在历史上极为罕见。魏征去世后，唐太宗极为思念，感慨地说：“夫以铜为镜，可以正衣冠；以古为镜，可以知兴替；以人为镜，可以明得失。朕常保此三镜，以防己过。今魏征殂逝，遂亡一镜矣。”(《贞观政要·论任贤》)这恐怕是历代大臣中所享受的最大的哀荣了。魏征成为唐太宗预防自己犯过的一面明镜，这充分体现了魏征在唐太宗治理国家中不可替代的作用。

魏征以直谏著称，但并非不讲究进语艺术，他有时也能以文才雅兴暗喻讽劝，委婉地开导太宗，使其醒悟改过。贞观十一年，太宗到洛阳巡视，魏征随百官同行。太宗在洛阳宫西苑宴请群臣，又带群臣泛舟积翠池。太宗指着两岸的景色和宫殿，对大臣们说：“隋炀帝穷奢极欲，大兴土木，宫殿园苑遍布京都，结果官逼民反，身死异乡。而今这些宫殿、园苑尽归于我。炀帝亡国，与佞臣阿谀奉承、弄虚作假、助纣为虐有很大关系，你们可要引以为戒啊！”魏征立即回答道：“臣等以宇文述等佞臣为戒，理固当然；望陛下以炀帝为鉴，则国家太平，万民幸甚！”唐太宗一听魏征之言，觉得很有道理，主张君臣共勉。他又要求群臣赋诗助兴，群臣恭请太宗先赋，太宗略一沉思，立即朗声吟道：

日昃玩百篇，临灯披《五典》。
夏康既逸豫，商辛亦流湎。
恣情昏主多，克己明君鲜。
夭身资累恶，成名由积善。

这首诗，太宗命名为《尚书》，他以《尚书》中的骄奢淫逸的昏君为例，指出他们身败名裂、国破家亡是由于作恶多端，咎由自取。那些克己俭朴、勤政爱民的明君，尽管在历史上不多，但却名垂千古、青史流芳，这就在于他们注意修养，不断做好事，为民谋利所致。太宗此诗，通过咏史，抒发了自己立志做一个“克己明君”的襟怀。群臣一听，齐声赞颂。太宗要求群臣逐一赋诗，魏征当仁不让，立赋《西汉》一诗，他朗诵道：

受降临轵道，争长趣鸿门。
驱传渭桥上，观兵细柳屯。
夜宴经柏谷，朝游出杜原。
终籍叔孙礼，方知皇帝尊。

这首诗，魏征以西汉初年几个有作为的皇帝高祖、文帝、景帝、武帝为例，说明帝王贤明，勤劳国事，既建武功，又修文治，才能受到百姓的爱戴。魏征希望太宗向刘邦等帝王学习，既“受降”于秦王子婴，建灭秦之武功；又礼遇儒生叔孙通，开文治之基业。太宗聪颖过人，一听此诗，便知魏征暗含讽意，他激动地说：“魏征忠心耿耿，不仅以奏疏谏我，而且赋诗时，又以礼仪开导于我，真可谓知古德的忠直之臣。”

唐太宗对魏征的评价很高。有一次，他问群臣：“魏征与诸葛亮相比，哪个更为贤良?”岑文本说：“诸葛亮才兼将相，魏征不如他。”太宗却说：“魏征以仁义之道辅佐我治国，希望我成为尧、舜那样的明君，就此而言，诸葛亮也不能同他相提并论。”可见，在唐太宗的心中，魏征的才德是何等之高。

韩愈以大义为重反对迎佛骨

> 万事差错，只是是非颠倒。
>
> ——(明)薛瑄

韩愈(768—826)，字退之，唐代文学家、哲学家、思想家，汉族。祖籍河北昌黎，世称韩昌黎。谥号“文”，又称韩文公。他与柳宗元同为唐代古文运动的倡导者，宋代苏轼称他“文起八代之衰”，明人推他为唐宋八大家之首，与柳宗元并称“韩柳”，有“文章巨公”和“百代文宗”之名。

韩愈是唐朝一位杰出的文学家，他认为自从魏晋南北朝以来，社会风气不好，连文风也衰落了。许多文人写的文章，喜欢堆砌辞藻，讲求对偶，缺少真情实感。他决心对这种文风进行改革，写了不少散文，在当时产生了很大的影响。他的主张和写作实践实际上是一种改革，但是也继承了古代散文的一些传统，所以被称做“古文运动”。后来，人们把他和柳宗元两人称为“古文运动”的倡导人。

韩愈不但善于写文章，还是个直言敢谏的大臣。在他写完《平淮西碑》之后，又发生了一件得罪朝廷的事儿。

原来唐宪宗到了晚年，迷信起佛法来。他打听到凤翔的法门寺里，有一座宝塔，叫护国真身塔。塔里供奉着一根骨头，据说是释迦牟尼留下来的一节指骨，每30年开放一次，让人瞻仰礼拜。这样做，就能够求得风调雨顺，人人平安。

唐宪宗给人说得相信了，特地派了30人的队伍，到法门寺把佛骨隆重地迎接到长安。他先把佛骨放在皇宫里供奉，再送到寺里，让大家瞻仰。下面的一班王公大臣，一看皇帝这样认真，不论信或是不信，都要凑个趣。许多人千方百计想弄到瞻仰佛骨的机会。有钱的，捐了香火钱；没钱的，就用香火在头顶、手臂上烫几个香疤，也算表示对佛的虔诚。

韩愈是向来不信佛的，更不要说瞻仰佛骨了。他对这样铺张浪费来迎接佛骨，很不满意，就给唐宪宗上了一道奏章，劝谏宪宗不要干这种迷信的事。他说，佛法的事，中国古代是没有的，只有在汉明帝以来，才从西域传了进来。他又说，历史上凡是信佛的王朝，寿命都不长，可见佛是不可信的。

唐宪宗收到这个奏章，大发脾气，立刻把宰相裴度叫了来，说韩愈诽谤朝廷，非把他处死不可。

裴度连忙替韩愈求情，唐宪宗气慢慢平了，说："韩愈说我信佛过了头，我还可宽恕他；他竟说信佛的皇帝，寿命都短促，这不是在咒我吗？就凭这一点，我不能饶他。"

后来，替韩愈求情的人越来越多，唐宪宗没杀韩愈，就把他降职到潮州去当刺史。

从长安到潮州，路远迢迢，韩愈孤单一个人，被派到那么边远的地方去，一路上的辛酸心情，就别提了。

韩愈到了潮州，想到自己的不幸遭遇，也考虑到百姓的生活。他把潮州官府里的官员找了来，问当地老百姓有什么疾苦。

有人说："这儿出产少，老百姓日子过得很苦；还有城东恶溪（今广东韩江）里有条鳄鱼，经常上岸来伤害牲畜，百姓真被它害苦了。"

韩愈说："既是这样，我们就得想法把它除掉。"

话虽那样说，可韩愈是个文人，一不会动刀，二不会射箭，怎能除掉鳄鱼呢？后来，他写了一篇《祭鳄鱼文》，专门派人到江边去读这篇祭文，又叫人杀了一口猪一头羊，把它丢到江里去喂鳄鱼。在那篇祭文里，他限令鳄鱼在7天之内迁到大海里去，否则就用强弓毒箭，把鳄鱼全部射杀。

韩愈不信佛，怎么会信鳄鱼有灵呢？这当然只是他安定人心的一种手法罢了。

事有凑巧，据说打那以后，大池里的鳄鱼真的没有再出现过。当地的百姓认为朝廷派来的大官给鳄鱼下的驱逐令见了效，都安心生产了。

韩愈在外地做了一年官，才又回到长安，负责国子监（朝廷设立的最高教育机构）的工作。就在这一年（820年），唐宪宗被宦官所杀。他的儿子李恒即位，这就是唐穆宗。

坚持己见勇辨是非的寇准

> 以执两为兼听，而不以孤疑为兼听。
>
> ——（清）魏源

寇准(961～1023),北宋政治家、诗人,汉族,字平仲,华州下邽(今陕西渭南)人。寇准在宋太宗时期担任过副宰相等重要官职,他的正直敢谏是出了名的。

当时北宋时局混乱,辽朝欺侮宋朝无能,多次进犯边境。到宋太宗的儿子宋真宗赵恒即位后,有人向宋真宗推荐寇准担任宰相,说寇准忠于国家,办事有决断。

宋真宗说:"听说寇准这个人好强任性,怎么办?"

这个大臣说:"现在辽朝进犯中原,正需要像寇准这样的人来承担大事。"

有一次,寇准上朝奏事,触犯了宋太宗。宋太宗听不下去,怒气冲冲站起来想回到内宫去。寇准却拉住太宗的袍子不让走,一定请太宗坐下听完他的话。宋太宗拿他没有办法,后来还称赞他说:"我有寇准,就像唐太宗有魏征一样。"

但是正因为他为人正直,得罪了一些权贵,后来被排挤出朝廷,到地方去做知州。这一回,宋真宗看到边境形势紧急,才接受大臣的推荐,把寇准召回京城。

公元 1004 年,辽朝萧太后、辽圣宗亲自率领 20 万大军南下,前锋已经到了澶州(今河南濮阳)。告急文书像雪片一样飞到朝廷。寇准劝真宗带兵亲征;副宰相王钦若和另一个大臣陈尧叟却暗地里劝真宗逃跑。王钦若是江南人,主张迁都金陵(今江苏南京);陈尧叟是蜀人,劝真宗逃到成都去。

宋真宗听了这些意见,犹豫不决,最后召见新任宰相寇准,问他说:"有人劝我迁都金陵,有人劝我迁都成都,你看该怎么办才好?"

寇准一看两边站着的王钦若和陈尧叟,心里早有了数。他声色俱厉地说:"这是谁出的好主意?出这种主意的,应该先斩他们的头!"他认为只要真宗亲自带兵出征,鼓舞士气,一定能打退辽兵;并且说,如果放弃东京南逃,人心动摇,敌人就会乘虚而入,国家就保不住了。

宋真宗听了寇准一番话,也壮了胆,决定亲自率兵出征,由寇准随同指挥。

大队人马刚刚到韦城(今河南滑县东南),听到南下辽军兵势强大,一些随从大臣吓坏了,趁寇准不在的时候,又在真宗身边唠叨,劝真宗暂时退兵,避一避风头。宋真宗本来很不坚决,一听这些意见,动摇起来,又召见寇准。

宋真宗对寇准说:"大家都说往南方跑好,你看呢?"

寇准严肃地说:"主张南逃的都是懦弱无知的人。现在敌人迫近,人心动荡。我们只能前进一尺,不可后退一寸。如果前进,河北各军士气百倍;如果回兵几步,那么全军瓦解,敌人紧紧追赶。陛下想到金陵也去不成了。"

宋真宗听寇准说得义正词严,没

话可说，但是心里还是七上八下，定不下主意。

寇准走出行营，正好碰到殿前都指挥使高琼。寇准冲着高琼说："您受国家栽培，该怎么报答？"

高琼说："我愿以一死报国。"

寇准就带着高琼又进了行营，重新把自己的意见向宋真宗说了一遍，并且说："陛下如果认为我的话不对，请问问高琼。"

高琼在旁边接着说："宰相说的话是对的。禁军将士家属在东京，都不愿南逃。只要陛下亲征澶州，我们决心死战，击败辽兵不在话下。"

宋真宗还没开口，寇准紧接着又逼了一句说："机不可失，请陛下立刻动身！"

在寇准、高琼和将士们的催促下，宋真宗才决定动身到澶州去。

这时候，辽军已经三面围住了澶州。宋军在要害的地方设下弩箭。辽军主将萧达兰带了几个骑兵视察地形，正好进入宋军伏弩阵地，弩箭齐发，萧达兰中箭丧了命。

辽军主将一死，萧太后又痛惜又害怕。她又听说宋真宗亲自率兵抵抗，觉得宋朝不好欺负，就有心讲和了。

澶州城横跨黄河两岸。宋真宗在寇准、高琼等文武大臣的护卫下，渡过黄河，到了澶州北城。这时候，各路宋军也已经集中到澶州，将士们看到宋真宗的黄龙大旗，士气高涨，欢声雷动。

萧太后派使者到了宋朝行营议和，要宋朝割让土地。宋真宗听到辽朝肯议和，正合他的心意。他找寇准商量说："割让土地是不行的。如果辽人要点金银财帛，我看可以答应他们。"

寇准根本反对议和，说："他们要和，就要他们归还燕云失地，哪能再给他钱财。"

但是，宋真宗一心要和，不顾寇准的反对，派使者曹利用到辽营谈判议和条件。曹利用临走的时候，宋真宗叮嘱他说："如果他们要赔款，迫不得已，就是每年100万也答应算了。"

寇准在旁边听了很痛心，只是当着真宗面不便再争。曹利用离开行营，寇准紧紧跟在后面，一出门，一把抓住曹利用的手说："赔款数目不能超过30万，否则回来的时候，我要你的脑袋！"

曹利用知道寇准的厉害，到了辽营，经过一番讨价还价，最后定下来，由宋朝每年给辽朝银绢30万。

曹利用回到行营，宋真宗正在吃饭，不能马上接见。真宗急着要知道谈判结果，就叫小太监出来问曹利用到底答应了多少。曹利用觉得这是国家机密，一定要面奏。太监要他说个大概，曹利用没法，只好伸出3个指头做了个手势。

太监向真宗一回报，宋真宗以为曹利用答应的赔款数目是300万，不禁惊叫起来:“这么多!”他略略想了一下,又轻松起来,说:“能够了结一件大事,也就算了。”

他吃完饭,就让曹利用进来详细汇报。当曹利用说出答应的银绢数目是 30 万的时候,宋真宗高兴得简直要跳起来,直称赞曹利用办事能干。

接着宋辽双方正式达成和议,宋朝每年给辽朝绢 20 万匹,银 10 万两。不用说,这笔巨额赔款,长期成为北宋人民额外的沉重负担。历史上把这次和议叫做“澶渊之盟”。

由于寇准的坚持抗战,到底避免了更大的失败。宋真宗也觉得寇准有功劳,挺敬重他。但是原来主张逃跑的王钦若却在宋真宗面前说,寇准劝真宗亲征,是把皇上当赌注,孤注一掷,简直是国家的一个大耻辱。宋真宗一想起在澶州的情景,真有点后怕,就反过来怨恨寇准,竟把那忠心耿耿的寇准的宰相职位撤了。

心怀天下三谏宋仁宗的包拯

> 镜破不改光,兰死不改香。
>
> ——孟郊

包拯(999～1062),字希仁,安徽庐州人。北宋天圣进士,先后任天长县令、权开封府、监察御史、龙图阁直学士、枢密副使等职。人称“包青天”。

事情发生在北宋皇祐二年闰十一月。宋仁宗下诏以三司使、户部侍郎张尧佐为宣徽南院使、淮康军节度使、景灵宫使。当时张尧佐是张贵妃之父张尧封的堂兄。因为张贵妃受到宋仁宗宠爱,张尧佐也就青云直上。

包拯时任监察御史,负责对皇帝百官的纠弹。他认为宋仁宗一再超擢张尧佐,任人唯亲,不合大宋法度。他上疏指出宋仁宗提拔张尧佐是错误的,并分析其背景是后宫干政、个别大臣曲意奉迎。包拯此举如石破天惊,激起了一片称赞,大臣们纷纷上书反对任命张尧佐。面对强大的舆论,宋仁宗只好收回成命。

转眼到了第二年正月,宋仁宗经不住张贵妃的一再请求,再次下旨擢升张尧佐。包拯不顾再次触犯宋仁宗和张贵妃,又上书对此事表达不满。张尧佐见包拯等人言辞激烈,感到众怒难犯,当即表示不接受委任。于是,宋仁宗也就顺势下台了。

可是张贵妃却老大不高兴,一再在仁宗耳边吹风。这年 8 月,宋仁宗金殿早朝,张贵妃特意送到宫门口,抚着仁宗的后背,柔声说:“官家今日不要忘了封宣徽使之事啊。”

金殿之上,宋仁宗果然又一次降旨。可御旨一下,包拯马上上奏。这一回,宋仁宗打定主意,坚持己见,说:“张尧佐并无大过,可以擢升。”

包拯谏驳道:“各地官吏违法征收

赋税，闹得民怨纷纷。张尧佐身为主管，怎说是无大过呢？”

宋仁宗叹了口气，婉转说道：“这已是第三次下旨任命了。朕既贵为天子，难道擢任一个人就这么不容易？”

包拯闻言直趋御座，高声说道：“难道陛下愿意不顾民心向背么？臣既为谏官，岂能自顾安危而不据理力争？”张尧佐站在一旁，听得心惊肉跳。

宋仁宗见包拯这么执著，众大臣又纷纷襄赞，而自己又没有合适的理由反驳，心里非常生气，一甩手回到宫里。

张贵妃早已派人在打探消息，知道又是包拯犯颜直谏，惹得仁宗下不了台，所以等仁宗一回来，她马上迎上前去谢罪。

宋仁宗余怒未消，举袖擦脸，说：“包拯说话，唾沫直溅到朕的脸上！你只知道宣徽使、宣徽使，就不知道包拯他还在当御史！”

包拯写过一首名为《书端州郡斋壁》的诗：

清心为治本，直道是身谋。
秀干终成栋，精钢不做钩。
仓充鼠雀喜，草尽兔狐悲。
史册有遗训，毋贻来者羞。

这首诗，可以说是他一生人格精神的写照。

为善去恶的刘宗周

> 天地有正气，杂然赋流形。
>
> ——文天祥

刘宗周是晚明出色的哲学家。他的品格十分高尚，既勇敢又坚毅，忧国如家，风节凛然。刘宗周是那种永远先眨眼的人，如果皇帝没有个好态度，这阁臣不当也罢。

1635 年，或崇祯八年，皇帝在文华殿开会，亲试阁臣。明朝没有宰相，由各部院大臣会推出几名内阁大学士，总成其政。刘宗周是候选人之一。他此时的名气已经非常大，正是众望所归，皇帝对他的兴趣也很浓。

召对中，崇祯问兵事如何。刘宗周对以内政既修，远人自服，并举舜时有苗叛乱，中央政府自修文礼，跳一跳舞，苗人就归化了为例。

这道理也不能算错，但这时明朝离灭亡不到 10 年。内乱外寇交相侵逼，天下沸腾，国事已近不可问之地步。在烽火连天之际，刘宗周的话在许多人听来，实在是答非所问。他下去后，崇祯皱眉对首辅温体仁说：“迂哉，宗周之言也，打仗的时候说什么跳舞呀？”这样他就没选上，只去做工部左侍郎。

这次没有入阁，刘宗周并不是很在意。明代后期，士人与皇帝的合作出了问题，互不信任。崇祯之初，大家对这位年轻皇帝寄望很高，指望他能把以前皇帝欠大家的账还清，好重新合作。刘宗周是很坚决地持此立场的。他曾指责崇祯背叛了与众人的默契，说："今日之祸，己巳以来酿成之也。"己巳是崇祯二年，那一年满洲兵入关，直抵京城之下，袁崇焕被逮，次年被杀。在这些事件中，崇祯与士人激烈冲突，从此不和。

崇祯九年，刘宗周痛切时艰，上疏批评皇帝没有尧舜之心。他说是皇帝当初重用内臣，得罪名士，"一念之矫枉，而积渐之势，酿为厉阶"。今日之务，首先需要皇帝向天下做检讨，然后弃法用道，清理内政，招抚流亡。至于兵事，则"陈师险隘，坚壁清野，听其穷而自解来归"。也就是说，只有你怀尧舜之心，行尧舜之政，那些内贼外寇，自然会解甲归心，不费一刀一剑，天下可平。

他的哲学重视诚意，主张由内及外。对他来说，世上的事务，并无分别，其道理都由心性理气生发而出，推论而来。在今天的人看来，这未免是将形而上与形而下混为一谈，将道德与政治混为一谈，把精神自由与权力自由混为一谈，但它正是传统的态度，一种无神的神学。哪怕是洪水滔天，也不能影响刘宗周的哲学信心。

崇祯看了他的封事，怒火中烧，大骂刘宗周迂腐，斥以"如流寇静听其穷，中原岂堪盘踞？烽火照于甘泉，虚文何以撑住"。崇祯的愤怒不在于刘宗周的迂腐，那是他早就清楚的，而在于刘宗周指出他应该为今天的局面负责，这是他最痛恨的话。

传统哲学不看重专门的技艺，总是觉得一法通则百法无碍。刘宗周便认为除"为善去恶"之外，并无学问。古代中国实际是由士大夫来治理的，士大夫的知识构成，决定着这个国家的方向。在崇祯一方，向刘宗周询问兵事，本来就是问错了人。在刘宗周一方，则也不认为自己没有义务或能力回答此类问题。

崇祯十五年，类似的事又重演了一次。有御史推荐西洋人汤若望善火器，请上召对。时任左都御史的刘宗周谏止曰："用兵之道，太上汤武之仁义，其次桓文之节制，下此非所论矣。不恃人而恃器，国威所以日顿也。汤若望倡邪说以乱大道，已不容于尧舜之世，今又作为奇巧以惑君心，其罪益无可逭，乞皇上放还本国，永绝异教。"

崇祯说，火器还是要用的，当然你讲的大道理也是对的。刘宗周又说："火器终无益于成败之数。"皇帝说："那你说怎么办？"刘宗周说："十五年来，你事情做得不对，至有今日之败局，你应该做的是推原祸始，改弦更辙，而不是拿火器这样的苟且办法来补漏。"皇帝这时脸色就有些不对，说："往事不可追，现在的事如何办？"刘宗周对以“用好人”，文官不爱钱，武官不怕死，天下自然太平。

这场对话的结果不问可知。明亡后，刘宗周绝食而死。他的死，不是殉明，而是殉道。

秉公执法不畏强暴的洛阳令

> 乐不可欺以马，君子不可欺以人。
>
> ——《太平御览》

董宣，生卒年不详。字少平，陈留圉(今河南杞县南)人。东汉初任北海相、江夏太守、洛阳令等职。在职不畏强暴，惩治豪族。

汉光武帝在镇压了绿林、赤眉两支最大的起义军之后，接着又消灭割据陇右和蜀地的两个割据政权，统一了中国。汉光武帝把洛阳作为都城。为了和刘邦建立的汉朝相区别，历史上把这个王朝称为“东汉”，或者叫“后汉”。

汉光武帝建立了东汉王朝以后，他知道老百姓对各地豪强争夺地盘的战争早已恨透了，决心采取休养生息的政策。例如减轻一些捐税，释放奴婢，减少官差，还不止一次地大赦天下。因此，东汉初年，经济得到了恢复和发展。

汉光武帝懂得打天下要靠武力，治理天下还得注意法令。不过法令也只能管老百姓，要拿它去约束皇亲国戚，那就难了。比方说，汉光武帝的大姐湖阳公主就依仗兄弟做皇帝，骄横非凡，不但她爱怎么着就怎么着，连她的奴仆也不把朝廷的法令放在眼里。

洛阳令董宣是一个硬汉子。他认为皇亲国戚犯了法，应该同样办罪。

湖阳公主有一个家奴仗势行凶杀了人。凶手躲在公主府里不出来。董宣不能进公主府去搜查，就天天派人在公主府门口守着，只等那个凶手出来。

有一天，湖阳公主坐着车马外出，跟随着她的正是那个杀人凶手。董宣得到了消息，就亲自带衙役赶来，拦住湖阳公主的车。湖阳公主认为董宣触犯了她的尊严，沉下脸来说：“好大胆的洛阳令，竟敢拦阻我的车马？”董宣可没有被吓倒，他拔出宝剑往地下一划，当面责备湖阳公主不该放纵家奴犯法杀人。他不管公主阻挠，吩咐衙役把凶手逮起来，当场就把他处决了。这一下，差点儿把湖阳公主气昏过去。她赶到宫里，向汉光武帝哭诉董宣怎样欺负她。

汉光武帝听了，十分恼怒，立刻召董宣进宫，吩咐内侍当着湖阳公主的面，责打董宣，想替公主消气。董宣说：“先别打我，让我说完了话，我情愿死。”汉光武帝怒气冲冲地说：“你还有什么话可说的？”董宣说：“陛下是一个中兴的皇帝，应该注重法令。现在陛下让公主放纵奴仆杀人，还能治理天下吗？用不着打，我自杀就是了。”说罢，他挺起头就向柱子撞去。汉光武帝连忙吩咐内侍把他拉住，董宣已经撞得血流满面了。汉光武帝知道董宣说得有理，也觉得不该责打他。但是为了顾全湖阳公主的面子，要董宣给公主磕个头赔个礼。董宣宁愿把自己的头砍下来，怎么也不肯磕这个头。内侍把他的脑袋往地下摁，可是董宣用两手使劲撑住地，挺着脖子，不让人把他的头摁下去。内侍知道汉光武帝并不想把董宣治罪，可又得给汉光武帝下个台阶，就大声地说："回陛下的话，董宣的脖子太硬，摁不下去。"汉光武帝也只好笑了笑，下命令说："把这个硬脖子撵出去！"

湖阳公主见汉光武帝放了董宣，心里很气，对汉光武帝说："陛下从前做平民的时候，还收留过逃亡的和犯死罪的人，官吏不敢上咱家来搜查。现在做了天子，怎么反而对付不了小小的洛阳令？"汉光武帝说："正因为我做了天子，就不能再像做平民时候那么干了。"

结果，汉光武帝不但没办董宣的罪，还赏给他 30 万钱，奖励他执法严明。董宣回到官府，把这笔钱全分给了他手下的官员。

以后，董宣继续打击不法的豪门贵族。洛阳的土豪听到他的名声都吓得发抖。人们都称他是"卧虎"（意思是"躺着的老虎"）。

当时，敢于执法的官员除了董宣以外，还有一个管洛阳城门的小官，名叫郅恽。

有一次，汉光武帝带了一批人，到洛阳郊外去打了一天猎，回城的时候，已经是晚上。皇帝的车驾到了上东门，城门早已关了。随从打猎的侍从叫管城门的开门，郅恽拒绝了。光武帝亲自来到城下，吩咐郅恽开门。不料郅恽说："夜里看不清楚，不能随便开门。"汉光武帝碰了个钉子，只好绕道到东中门进城。

第二天，汉光武帝正想找郅恽责问，不想郅恽的奏章已经送上来了。奏章上说："陛下跑到遥远的山林里去打猎，白天还不够，直到深夜才回来。这样下去，国家大事怎么办？"

汉光武帝看了奏章，就赏给郅恽 100 匹布，还把那个管东中门的官员降了职。

进行兵谏逼蒋抗日的张学良

> 恶似是而非之人，忌似是而非颠倒。
>
> ——（清）魏源

张学良（1901～2001），字汉卿，号毅庵，乳名双喜、小六子。陆军一级上将，汉族，祖籍辽宁海城，1901 年 6 月 3 日（夏历 4 月 17 日）出生于辽宁省台安县九间乡鄂家村张家堡屯（旧称桑子林詹家窝铺），人称"少帅"。

1936年12月11日晚间，张学良和杨虎城分别召见东北军和十七路军高级将领，宣布第二天清晨进行兵谏的命令。

12月12日晨5时，张学良、杨虎城发动兵谏，东北军到临潼的华清池捉蒋，蒋介石从卧室窗户跳出，摔伤后背，躲在一块大石头后面，被发现活捉，十七路军还扣留了在西安的陈诚、邵力子、蒋鼎文、陈调元、卫立煌、朱绍良等国民党军政要员，邵元冲等人遇难。西安事变爆发。

当天，张学良、杨虎城向全国发出了关于救国八项主张的通电，提出：

改组南京政府，容纳各党各派，共同负责救国。停止一切内战。立即释放上海被捕的爱国领袖。释放全国一切政治犯。开放民众爱国运动。保障人民集会结社一切政治自由。确实遵行孙总理遗嘱。立即召开救国会议。南京中央于当晚11点半，召开中常会及中央政治会议联席会议，决议夺张学良本兼各职，交军事委员会严办。会议最后决定剿抚并用，一面以何应钦为讨逆军总司令，一面以于右任为陕甘宣抚大使。

12月12日晚间，宋美龄在上海初闻西安发生事变之际，就想到澳籍友人端纳是生于澳大利亚新南威尔士州斯峪的记者，他一生的事业在中国，曾赞助过中国的辛亥革命，后来又成为北京北洋政府的客卿；曾为张作霖父子的谋士，与张学良交往密切，也是蒋中正的好友。蒋夫人请端纳到寓所，与孔祥熙共商，端纳对于西安一行，认为义不容辞，当晚即随同宋美龄乘夜车前往南京。

12月13日晨8点，宋美龄致电张学良，告知端纳拟飞西安，端纳亦同时电告张学良。

12月16日，中央在劝阻张学良无效，各界函电交驰要求讨伐，由政治委员会决议派何应钦为讨逆军总司令，刘峙为讨逆军东路集团军总司令，顾祝同为西路集团军总司令，分别集结兵力，由东西双方同时向西安进行压迫。随即展开轰炸西安近邻城市，并逐渐转向西安。张学良乃允许拘扣的蒋鼎文先返回洛阳，请国军方面暂停军事行动，避免冲突升级。

12月17日，斯大林指示中共，考虑到蒋介石可能成为未来中国抗日力量的重要领导人，希望放蒋。经过内部争辩后，中共决定服从斯大林的指示，中国共产党遂派周恩来到西安参与西安事变的协商。

12月22日，随后端纳全力周旋，宋美龄、宋子文等到西安。在飞机上，宋美龄把手枪递给端纳，说："如果叛军对我有任何不礼貌行动，你可用此枪立即将我枪杀。"张学良、杨虎城去机场迎接，下机后，宋美龄与张学良说："汉卿，这是我的东西，就不要再检查了吧？"张学良马上说："夫人，岂敢！岂敢！"张、杨与宋子文、宋美龄举行了会谈。后由张学良本人陪同宋美龄和端纳往见蒋。宋美龄拿着一个梅干菜盒见到了蒋介石，蒋介石在《西安半月记》中记载，蒋见到宋后，眼泪直流，说：“你怎么来了？如入虎穴矣！”宋美龄劝蒋道：“宁抗日，勿死敌手！”（宁可抗日，胜利失败你都是英雄，总比因为拒绝抗日而死在叛军的手里要强）。从此，蒋介石的态度开始转变。

12月24日，蒋中正接受六项协议。即：改组国民党与国民政府，驱逐亲日派，容纳抗日分子。释放上海爱国领袖，释放一切政治犯，保证人民的自由权利。停止“剿共”政策，联合红军抗日。召集各党各派各界各军的救国会议，决定抗日救亡方针，与同情中国抗日的国家建立合作关系。但是蒋介石没有意愿为他的承诺签订任何协议书，东北军和西北军有部下向张学良反应不满，称：“我们提着脑袋给你干，怎么到最后连个签字都没有？”张学良回道：“你们政治觉悟没我高，蒋介石虽然被捕，但是其政治实力还在，现在既然我们要放他，要把他捧为领袖，那么逼他签字，他到时还会反悔，现在要一个君子协议也很好。”张学良的这个提议遭到了杨虎城的反对，最后是在共产党人周恩来的劝说下，杨虎城才同意张学良的“不签字放蒋”的提议。

12月25日下午，蒋中正乘飞机离开西安，张学良亲自陪同。当日抵洛阳。离开西安前，张学良留下手令，把东北军交给杨虎城指挥。

12月26日，蒋中正抵达南京，西安事变和平解决。张学良被扣留。

西安事变后停止了内战，促成了国共第二次合作，建立了抗日统一战线，极大地鼓舞了中国人民的抗日热情。

勇保气节　敢说真话

YONG BAO QI JIE　GAN SHUO ZHEN HUA

秉笔直书的太史公

> 公则民不谩，廉则吏不欺。
>
> ——明史·曹端传

齐国都城临淄。黄昏将至，阴云低垂，大夫崔杼的内府早早地就点上了蜡烛。突然，刀光斧影，堂内传出一声凄厉的惨叫，接着传来甲士的禀报声："庄公已死！"时间凝聚在公元前548年，齐国大夫崔杼在自己的府中设计诱杀了齐庄公。崔杼召集百官，宣布立年幼的庄公之弟杵臼为齐君，称景公，接着又自立为左丞相。春秋时期以左为上，崔杼成了一人之下、万人之上的权臣。在刀剑面前，唯唯诺诺的齐国百官只有接受这个国君和丞相。崔杼担忧百官不服，遂率百官到太庙歃血盟誓。"诸君若有不与崔杼同心者，必遇凶而亡！"听着崔杼寡廉鲜耻的誓词，百官心中愤恨不已，可望着太庙内外的甲士和甲士手中寒光闪闪的刀戈，只有喟叹着随崔杼盟誓了。百官的归顺令崔杼心安不少，可他依然睡不着觉。弑君毕竟是十恶不赦的罪过，生前即使权倾一身，死后也免不了遭人唾骂。怎么办呢？时间可以改变一切，历史却不因时间而改变。那么记载历史的史书呢？只要写上史书，一切不就成了历史。于是，崔杼急召太史（记载史事的官）伯进相府议事。"你要把我的话记入简册，"崔杼的双目透着杀气道，"就说：'庄公以疟疾殁'。"太史伯似乎没有听到崔杼的话，笔走龙蛇，飞快地在简上写下"崔杼弑其君"5个字。崔杼大怒："你不服从我的命令，就不怕死吗？"太史伯坦然地说："如果不按照事实记史，还叫什么太史？"崔杼挥手命令甲士将太史伯斩首，然后又召太史伯的弟弟太史仲进府。太史仲已知兄长被杀，进府后，未等崔杼开口，已将"崔杼弑其君"5个字写到简上，交给崔杼审阅。

崔杼看到这5个字，握着简的手颤抖起来，脸因恼怒失去了血色。“斩！”他从喉咙里迸出沉闷的杀声。“叫太史叔来！”崔杼怒气未消，又令侍者召太史伯的二弟进府。“太史叔、太史季已在府门外等候召见。”侍者说。太史伯家兄弟4人都是史官。仲被崔杼召走后，叔、季二人知道仲不会将伪史写上简册，必死在崔杼的刀下，于是一起来到左丞相府前等候崔杼的召见。太史叔站到崔杼面前蔑视地问：“左丞相召我，是为庄公之事吗？”“是，你想怎样写？”“与兄同。”“他们死了！”“与兄同死！”太史叔毅然在简上写下“崔杼弑其君”，然后含笑引颈请死。崔杼气得七窍生烟，声嘶力竭地朝太史叔吼道：“杀！杀！”太史叔的血还未流尽，太史季已持简面对着崔杼了。“你的三个哥哥都死了，你若按照我的话去做，可免一死。”崔杼威胁说。太史季冷笑道：“史官为史不惧死。秉笔直书是史官的职责，若因失职而活着，不如死去！”说罢，在简上写下“崔杼弑其君”，递给了崔杼。崔杼胆怯了，太史伯四兄弟为据实直书前仆后继，震慑了他的心。他不敢再举起屠刀，无奈地将简册扔给太史季，让他走了。太史季在回史馆的路上，遇到史官南史持简从外地匆匆地赶来。“季，崔杼弑君之事怎样了？”南史擦着额上的汗问。“已记到简上了，”太史季打开简册让南史阅过后说，“我的3个哥哥总算没有白死。”南史慨叹道：“我听说你们兄弟四人都被崔杼杀死，担心崔杼弑君之事无人记载，便匆忙地赶来。看来我已不用死了。”“伏清白以死直”是屈原《离骚》中的名句，意思是说：保持清白节操，宁可为真理而死。

“齐有太史简”（文天祥《正气歌》诗句），太史伯四兄弟为了尽史官之职，不将伪史入册，前赴后继，凛然赴义的故事流传至今仍震撼着人心。敢于为正义献身已成为最令中华民族引以为自豪的美德。

边境牧羊不畏强权的苏武

> 古之成大事者，不惟有超士之才，亦有坚忍不拔之志。
>
> ——苏轼

在中国有一个流传广泛的故事，就是苏武牧羊。这个故事讲述了苏武在极端恶劣的环境下，不畏强权，仍然保持了崇高的民族气节。

苏武是公元前1世纪中国汉朝人。当时中原地区的汉朝和西北少数民族政权匈奴的关系时好时坏。公元前100年，匈奴政权新单于即位，汉朝皇帝为了表示友好，派遣苏武率领100多人，带了许多财物，出使匈奴。不料，就在苏武完成了出使任务，准备返回自己的国家时，匈奴上层发生了内乱，苏武一行受到牵连，被扣留下来，并被要求背叛汉朝，臣服单于。

最初，单于派人向苏武游说，许以丰厚的俸禄和高官，苏武严词拒绝了。匈奴见劝说没有用，就决定用酷刑。当时正值严冬，天上下着鹅毛大雪。单于命人把苏武关入一个露天的大地窖，断绝提供食品和水，希望这样可以改变苏武的信念。时间一天天过去，苏武在地窖里受尽了折磨。渴了，他就吃一把雪，饿了，就嚼身上穿的羊皮袄。过了好几天，单于见濒临死亡的苏武仍然没有屈服的意思，只好把苏武放出来了。

单于知道无论软的，还是硬的，劝说苏武投降都没有希望，但越发敬重苏武的气节，不忍心杀苏武，又不想让他返回自己的国家，于是决定把苏武流放到西伯利亚的贝加尔湖一带，让他去牧羊。临行前，单于召见苏武说："既然你不投降，那我就让你去放羊，什么时候公羊生了羊羔，我就让你回到中原去。"

与他的同伴分开后，苏武被流放到了人迹罕至的贝加尔湖边。在这里，单凭个人的能力是无论如何也逃不掉的。唯一与苏武作伴的，是那根代表汉朝的使节棒和一小群羊。苏武每天拿着这根使节棒放羊，心想总有一天能够拿着它回到自己的国家。这样日复一日，年复一年，使节棒上面的装饰都掉光了，苏武的头发和胡须也都变白了。

在贝加尔湖边，苏武牧羊达 19 年之久。19 年来，当初下命令囚禁他的匈奴单于已去世了，就是在苏武的国家，老皇帝也死了，老皇帝的儿子继任皇位。这时候，新单于执行与汉朝和好的政策，汉朝皇帝立即派使臣把苏武接回自己的国家。

苏武在汉朝京城受到热烈欢迎，从政府官员到平民百姓，都向这位富有民族气节的英雄表达敬意。2 000 多年过去了，苏武崇高的气节成为中国伦理人格的榜样，成为一种民族文化心理要素。

缇萦救父

> 智者不为非其事，廉者不为非其有。
>
> ——（汉）韩婴

汉文帝的母亲薄太后出身低微，在汉高祖在世的时候是个不得宠的妃子。她怕住在宫里受吕后的陷害，就请求跟着儿子住在代郡。住在代郡不像在皇宫里那么阔气，因此，娘儿俩多少知道一些老百姓的疾苦。汉文帝即位不久，就下了一道诏书说："一个人犯了法，定了罪也就是了。为什么要把他的父母妻儿也一起逮捕办罪呢？我不相信这种法令有什么好处，请你们商议一下改变的办法。"

大臣们一商量，按照汉文帝的意

见，废除了一人犯法、全家连坐（连坐，就是被牵连一同办罪）的法令。

公元前 167 年，临淄地方有个小姑娘名叫淳于缇萦（淳于是姓）。她的父亲淳于意，本来是个读书人，因为喜欢医学，经常给人治病，出了名。后来他做了太仓令，但他不愿意跟做官的来往，也不会拍上司的马屁。没有多久，辞了职，当起医生来了。

有一次，有个大商人的妻子生了病，请淳于意医治。那病人吃了药，病没见好转，过了几天死了。大商人仗势向官府告了淳于意一状，说他是错治了病。当地的官吏判他“肉刑”（当时的肉刑有脸上刺字，割去鼻子，砍去左足或右足等），要把他押解到长安去受刑。淳于意有 5 个女儿，可没有儿子。他被押解到长安去离开家的时候，望着女儿们叹气，说：“唉，可惜我没有男孩，遇到急难，一个有用的也没有。”

几个女儿都低着头伤心得直哭，只有最小的女儿缇萦又是悲伤，又是气愤。她想：“为什么女儿偏没有用呢？”

她提出要陪父亲一起上长安去，家里人再三劝阻她也没有用。

缇萦到了长安，托人写了一封奏章，到宫门口递给守门的人。

汉文帝接到奏章，知道上书的是个小姑娘，倒很重视。那奏章上写着：

“我叫缇萦，是太仓令淳于意的小女儿。我父亲做官的时候，齐地的人都说他是个清官。这回儿他犯了罪，被判处肉刑。我不但为父亲难过，也为所有受肉刑的人伤心。一个人砍去脚就成了残废；割去了鼻子，不能再安上去，以后就是想改过自新，也没有办法了。我情愿给官府没收为奴婢，替父亲赎罪，好让他有个改过自新的机会。”

汉文帝看了信，十分同情这个小姑娘，又觉得她说得有道理，就召集大臣们，对大臣说：“犯了罪该受罚，这是没有话说的。可是受了罚，也该让他重新做人才是。现在惩办一个犯人，在他脸上刺字或者毁坏他的肢体，这样的刑罚怎么能劝人为善呢。你们商量一个代替肉刑的办法吧！”

大臣们一商议，拟定一个办法，把肉刑改用打板子。原来判砍去脚的，改为打 500 板子；原来判割鼻子的改为打 300 板子。汉文帝就正式下令废除肉刑。这样，缇萦就救了她的父亲。

汉文帝废除肉刑，看起来是件好事。但是实际执行起来，却是弊病不少。有些犯人被打上 500 或 300 板，就给打死了，这样一来，反而加重了刑罚。后来到了他的儿子汉景帝手里，才又把打板子的刑罚减轻了一些。

因直言受刑的司马迁

无是非之，非人也。

——《孟子》

司马迁(前145—前87),字子长,是我国西汉伟大的史学家、思想家、文学家,夏阳(龙门)(今陕西韩城)人。著有《史记》,又称《太史公记》,他记载了上自中国上古传说中的黄帝时代,下至汉武帝元狩元年(前122年),共3 000多年的历史。司马迁以其"究天人之际,通古今之变,成一家之言"的史识,使《史记》成为中国历史上第一部纪传体通史,对后世的影响极为巨大,被鲁迅誉为"史家之绝唱,无韵之离骚"。

苏武出使匈奴的第二年,汉武帝派贰师将军李广利带兵3万,攻打匈奴,打了个大败仗,几乎全军覆没,李广利逃了回来。李广的孙子李陵当时担任骑都尉,带着5 000名步兵跟匈奴作战。单于亲自率领3万骑兵把李陵的步兵团团围困住。尽管李陵的箭法十分好,兵士也十分勇敢,5 000步兵杀了五六千名匈奴骑兵,但是匈奴兵越来越多,汉军寡不敌众,后面又没救兵,最后只剩了400多汉兵突围出来。李陵被匈奴逮住,投降了。

李陵投降匈奴的消息震动了朝廷。汉武帝把李陵的母亲和妻儿都下了监狱,并且召集大臣,要他们议一议李陵的罪行。大臣们都谴责李陵不该贪生怕死,向匈奴投降。汉武帝问太史令司马迁,听听他的意见。司马迁说:"李陵带去的步兵不满5 000,他深入到敌人的腹地,打击了几万敌人。他虽然打了败仗,可是杀了这么多的敌人,也可以向天下人交代了。李陵不肯马上去死,准有他的主意。他一定还想将功赎罪来报答皇上。"

汉武帝听了,认为司马迁这样为李陵辩护,是有意贬低李广利(李广利是汉武帝宠妃的哥哥),勃然大怒,说:"你这样替投降敌人的人强辩,不是存心反对朝廷吗?"他吆喝一声,就把司马迁下了监狱,交给廷尉审问。审问下来,把司马迁定了罪,应该受腐刑(一种肉刑)。司马迁拿不出钱赎罪,只好受了刑罚,关在监狱里。

司马迁认为受腐刑是一件很丢脸的事,他几乎想自杀。但他想到自己有一件极重要的工作没有完成,不应该死。因为当时他正在用全部精力写一部书,这就是我国古代最伟大的历史著作——《史记》。

原来,司马迁的祖上好几辈都担任史官,父亲司马谈也是汉朝的太史令。司马迁10岁的时候,就跟随父亲到了长安,从小就读了不少书籍。

为了搜集史料,开阔眼界,司马迁从20岁开始,就游历祖国各地。他到过浙江会稽,看了传说中大禹召集部落首领开会的地方;到过长沙,在汨罗江边凭吊爱国诗人屈原;他到过曲阜,考察孔子讲学的遗址;他到过汉高祖的故乡,听取沛县父老讲述刘邦起兵的情况……这种游览和考察,使司马迁获得了大量的知识,又从民间语言中汲取了丰富的养料,给司马迁的写作打下了重要的基础。

以后，司马迁当了汉武帝的侍从官，又跟随皇帝巡行各地，还奉命到巴、蜀、昆明一带视察。

司马谈死后，司马迁继承父亲的职务，做了太史令，他阅读和搜集的史料就更多了。

在他正准备着手写作的时候，就为了替李陵辩护得罪武帝，下了监狱，受了刑。他痛苦地想：这是我自己的过错呀。现在受了刑，身子毁了，没有用了。但是他又想：从前周文王被关在羑里，写了一部《周易》；孔子周游列国的路上被困在陈蔡，后来编了一部《春秋》；屈原遭到放逐，写了《离骚》；左丘明眼睛瞎了，写了《国语》；孙膑被剜掉膝盖骨，写了《兵法》。还有《诗经》300 篇，大都是古人在心情忧愤的情况下写的。这些著名的著作，都是作者心里有郁闷，或者理想行不通的时候，才写出来的。我为什么不利用这个时候把这部史书写好呢？

于是，他把从传说中的黄帝时代开始，一直到汉武帝太始二年（前 95 年）为止的这段时期的历史，编写成 130 篇、52 万字的巨大著作《史记》。司马迁在他的《史记》中，对古代一些著名人物的事迹都作了详细的叙述。他对于农民起义的领袖陈胜、吴广，给予高度的评价；对被压迫的下层人物往往表示同情的态度。他还把古代文献中过于艰深的文字改写成当时比较浅近的文字。人物描写和情节描述，形象鲜明，语言生动活泼。因此，《史记》既是一部伟大的历史著作，又是一部杰出的文学著作。

司马迁出了监狱以后，担任中书令。后来，终于郁郁不乐地死去。但他和他的著作《史记》在我国的史学史、文学史上都享有很高的地位。

划粥糜的范仲淹

交朋必择胜己者，讲贯切磋，益也。

——（宋）何坦

城隍庙的晨钟一响，长山（今山东邹平县境内）城也就醒了。寺内的和尚开始打扫寺院，城里城外的人家也开始了每日的劳作。可范仲淹却是早醒着的，老子《道德经》中难释的篇章让他苦思了一夜。他走出斋房，在大殿前的白皮松下伸展着困乏的腰身。他不能睡，还要早早地赶到书馆去向先生求教。范仲淹 2 岁失去了父亲，母亲改嫁，将他从苏州吴县的江南水乡带到了这里。家中贫寒，幼时启蒙的学习在村中的义学学堂就可以了；长到少年，立志以天下为己任的小仲淹要深造，就只有到县城士绅办的书馆去求学了。这苦了范母，但她知道儿子的远大志向，于是向四邻求借了些钱，将小仲淹送到长山城。无钱和富家子弟同住书馆，范母又携小仲淹到城隍庙求住持在庙中借宿。慈悲为怀的住持为范母的爱子之心感动，扫出一间低矮潮湿的斋房供范仲淹寄宿读书。母亲走后，这里就变成了范仲淹的家。他用冷水冲洗了头，苦读了一夜的脑袋终于清醒过来。他要吃早饭了。饭是半夜做好的，在一只钵盂里。那是用 2 两糜子熬成的粥，2 个时辰，那粥便凝成了皮冻状。他用刀将粥糜划成 4 块，2 块是他的早饭，另 2 块就要等到晚上享用了。每当中午和半夜，他都很饿，但他忍耐着，只要有书读，他的心底就是快乐的。他要上学了。恰在这时，他的一位商贾子弟的同窗匆匆赶来，身后跟着一位仆人，仆人拎着一只食盒，食盒里放着精美的菜肴。“范仲淹，你看我给你带来了什么？”同窗兴致勃勃地说。仆人将食盒放到斋房中破旧的书桌上，打开盒盖，菜肴诱人的香味立即飘散了出来。“我把你天天吃粥糜的事告诉了父亲，父亲说，你是个有抱负的人，教我给你送来这些好吃的补补身体。”同窗很真诚地对范仲淹说。“承谢伯父的关爱，可是我已吃过了。”范仲淹淡淡地说，“我们还是上学去吧。”这很令同窗失望。也许是他爱面子吧？同窗想，那就放在这里让他独自一人慢慢品尝。可世上总有愿望与结果相悖的事情发生，同窗天天去斋房观察菜肴是否被范仲淹动过，范仲淹却依然天天吃他的粥糜，无视菜肴的存在。第三天，同窗终于忍耐不住，生气地问范仲淹：“我诚意送吃的给你，你为什么不肯吃？”范仲淹向同窗作揖致歉，然后说：“我家境贫寒，已吃惯了粥糜，如果突然享用你送来的菜肴，以后咽不下粥糜，吃不了苦怎么办？”同窗听后，感慨万端，从此对范仲淹更加钦佩。

北宋政治家、文学家范仲淹少年求学以勤俭自励，远避奢华，这种美德源于他自幼树立的高远志向，也培育了他“先天下之忧而忧，后天下之乐而乐”的高尚思想。

刚强不屈宁死不低头的颜真卿

> 勇于断者，不随其似；明于分者，不混其施。
>
> ——《古今图书集成·学行典》

颜真卿（709—785），字清臣，是京兆万年（今陕西西安）人，开元进士，任殿中侍御史，后出任平原（今属山东）太守，故世称颜平原。他还是我国历史上著名的书法家。他写的字雄浑刚健，挺拔有力，表现了他的刚强性格。后来，人们把他的字体称为“颜体”。

安史之乱后，唐王朝从强盛转向衰落。各地节度使乘机割据地盘，扩大兵力，造成了藩镇割据的局面。唐代宗死后，他的儿子李适（音 kuò）即位，就是唐德宗。唐德宗想改变藩镇专权的局面，结果引起了藩镇叛乱。

唐德宗派兵讨伐的结果，叛乱不但没有平定，反而蔓延开来了。

公元782年，有5个藩镇叛乱，其中淮西节度使李希烈兵势最强。他自称天下都元帅，向唐境进攻。五镇叛乱，使朝廷大为震惊。唐德宗找宰相卢杞商量，卢杞说："不要紧。只要派一位德高望重的大臣去劝导他们，用不到动一刀一枪，就能把叛乱平息下来。"

唐德宗问卢杞说："你看派谁去合适？"卢杞推荐年老的太子太师颜真卿，唐德宗马上同意。

颜真卿是当时一个很有威望的老臣。安史之乱前，他担任平原太守。安禄山发动叛乱后，河北各郡大都被叛军占领，只有平原城因为颜真卿坚决抵抗，没有陷落。后来，他的堂兄颜杲卿在藁城起兵，河北十七郡响应，大家公推颜真卿做盟主。在抗击安史叛军中，立了大功。唐代宗的时候，他被封为鲁郡公。所以，人们又称他颜鲁公。

颜真卿为人正直，常常被奸人诬陷排挤，只是因为他的威望高，一些奸人不得不表面上尊重他。宰相卢杞是个心狠手辣的人。他忌恨颜真卿，平时没法下手，这一回，趁藩镇叛乱的机会，派颜真卿去做劝导工作，是成心陷害他。

这时候，颜真卿已经是70开外的老人了。许多文武官员听说朝廷派他到藩镇那里去，都为他的安全担心。但是，颜真卿却不在乎，带了几个随从就到淮西去了。

李希烈听到颜真卿来了，想给他一个下马威。在见面的时候，叫他的部将和养子1 000多人都聚集在厅堂内外。颜真卿刚刚开始劝说李希烈停止叛乱，那些部将、养子就冲了上来，个个手里拿着明晃晃的尖刀，围住颜真卿又是谩骂，又是威胁，摆出要杀他的架势。颜真卿毫不畏惧，面不改色，朝着他们冷笑。

李希烈假惺惺站起来护住颜真卿，命令他的养子退出。接着，把颜真卿送到驿馆里，企图慢慢软化他。

过了几天，4个藩镇的头目都派使者来跟李希烈联络，劝李希烈即位称帝。李希烈大摆筵席招待他们，也请颜真卿参加。

藩镇派来的使者见到颜真卿来了，都向李希烈祝贺说："早就听到颜太师德高望重，现在元帅将要即位称帝，正好太师来到这里，不是有了现成的宰相吗？"

颜真卿扬起眉毛，朝着4个使者骂道："什么宰相不宰相！我年纪快80了，要杀要剐都不怕，难道会受你们的诱惑，怕你们的威胁吗？"

4名使者被颜真卿凛然的神色吓住了，缩着脖子说不出话来。

李希烈拿他没办法，只好把颜真卿关起来，派兵士监视着。兵士们在院子里掘了一个一丈见方的土坑，扬言要把颜真卿活埋在坑里。第二天，李希烈来看他，颜真卿对李希烈说："我的死活已经定了，何必玩弄这些花招。你把我一刀砍了，岂不痛快！"

过了一年，李希烈自称楚帝，又派部将逼颜真卿投降。兵士们在关禁颜真卿的院子里，堆起柴火，浇足了油，威胁颜真卿说："再不投降，就把你放在火里烧！"

颜真卿二话没说，就纵身往柴火跳去，叛将们连忙把他拦住，向李希烈汇报。

李希烈想尽办法，没有能使颜真卿屈服，就派人逼迫颜真卿自杀了。

坚持原则不作伪证的张说

> 不知味者，以芬香为臭；
> 不知道者，以美言为乱耳。
>
> ——（汉）桓宽

张说（667—730）唐代文学家，诗人，政治家。字道济，一字说之。原籍范阳（今河北涿县），世居河东（今山西永济），徙家洛阳。

唐代武则天时期，宰相狄仁杰死了以后，魏元忠当了宰相。那时候，武则天宠幸两个官员，叫张昌宗、张易之。这两个人权势大得不得了，满朝文武官员见到二张，都让他们三分。可是，宰相魏元忠就不把他们放在眼里。

魏元忠是个有名的硬汉，在周兴、来俊臣得势的时候，他3次被诬陷遭到流放，有一次差点被处死。但是他始终没有屈服过。后来他担任洛州刺史的时候，张易之的仆人在洛阳大街上仗势闹事，欺压百姓。洛阳官员因为闹事的是张府里的人，不敢奈何他。这件事传到魏元忠那里，魏元忠把那个仆人抓了起来，一顿板子打死了。

魏元忠做了宰相后，武则天想把张易之的弟弟张昌期任命为长史，一些大臣迎合武则天的意思，都称赞张昌期能干。魏元忠却说张昌期年青不懂事，干不了这样的大事。这件事就只好搁了下来。为了这些事，张昌宗、张易之两人把魏元忠恨得要死，千方百计想把魏元忠除掉。他们在太后面前诬告魏元忠，说魏元忠在背后议论：太后老了，不如跟太子靠得住。

武则天一听就火了，把魏元忠打进了牢监，准备亲自审讯，并且要张昌宗他们两人当面揭发。

张昌宗恐怕辩不过魏元忠，就偷偷地去找魏元忠部下官员张说（音 yuè），要张说作伪证，并且说，只要张说答应，将来就提拔他。

第二天，武则天上朝，召集太子和宰相，让张昌宗和魏元忠当面对质。魏元忠说什么也不承认有这回事。两人争论了半天，没有结果。张昌宗说："张说亲耳听到魏元忠说过这些话，可以找他来作证。"

武则天立刻传令张说进宫。跟张

说一起的官员听说他要上朝作证，知道发生了什么事，一个官员宋璟（音jǐng）对张说说：“一个人的名誉是最可贵的。千万不要为了保全自己，去附和奸臣，陷害好人啊！为这个得罪了朝廷，被流放出去，脸上也光彩。”史官刘知几也在旁边提醒张说说：“不要玷污你的历史，连累后代子孙啊！”张说明知魏元忠冤枉，但是又害怕二张的权势，思想斗争得挺厉害，头上直冒汗，听了宋璟他们的一番话，才觉得胆子壮了些。张说进了朝堂。武则天问他说：“你听到魏元忠诽谤朝廷的话了吗？”魏元忠一见张说进来，就高声叫起来说：“张说，你想跟张昌宗一起诬陷人吗？”张说回过头来哼了一声说：“魏公枉做宰相，竟说出这种不懂道理的话来。”张昌宗一看张说的话不对头，就在旁边催促他，说：“你别去管他，快来作证。”张说向武则天说：“陛下请看，在陛下面前，他还这样胁迫我，可以想象他在宫外是怎样作威作福了。现在我不能不实说，我确实没听魏元忠说过反对陛下的话，只是张昌宗逼我作伪证罢了。”张昌宗一见张说变了卦，气急败坏地叫了起来：“张说这小子是魏元忠的同谋犯。”武则天是个聪明人，听了张说的答话，知道魏元忠的确冤枉，但是她又不愿让张昌宗他们下不了台阶，就骂张说说：“你真是反复无常的小人。”说着，就命令侍从把张说抓起来。以后，武则天又派人审讯张说。张说横下一条心，咬定他没有听到魏元忠说过谋反的话。

武则天没有抓到魏元忠谋反的证据，但是还是撤了魏元忠宰相职务，又把张说判了流放罪。

公元705年，武则天病重，她的侄儿武三思和张昌宗、张易之勾结起来，把持政权。宰相张柬之和一些官员趁武则天病重，夺取禁卫军军权，把二张逮捕起来杀了，迎接唐中宗复位。不久，那个显赫一时的女皇帝武则天病死了。

为民造福挺身而出的葛贤

听其言必责其用，观其行必求其功。

——《韩非子·六反》

葛贤（1568—1630），即葛成，织工。明神宗时苏州反税监孙隆斗争的领袖。1601年（万历二十九年），孙隆加重捐税，机户被迫停工，织工染工失业。他领导群众反抗，乱石击毙孙隆的党羽黄建节，火烧恶棍杨莘、劣绅丁元复等的住宅。在群众的威力下，孙隆吓得逃往杭州。事后葛贤为了保护群众，挺身投案，万历四十一年（1613年）被释放，逝世后葬虎丘山五人墓旁，人称六义士墓。

明神宗是个贪财如命的昏君，他追求享乐生活，没完没了地搜罗金银珠宝，把国库都挥霍空了，就千方百计向民间搜刮。

这个时期，农业生产和手工业逐步发展，在东南沿海一带商业也繁荣起来，在苏州，丝织业特别发达，富裕的机户开始开设工场、雇用机工，城里的机工总共有几千人。

这种商业城市的繁荣情况，使明朝统治者认为有利可图。为了榨取更多钱财，明神宗就派了一批宦官到那些城市去收税，这种宦官就叫做税监。税监不但征收苛捐杂税，还向百姓敲诈勒索，把百姓害得好苦。

公元1601年，明神宗派税监孙隆到苏州征税，孙隆一到苏州，就跟当地地痞土棍勾结，在苏州城各处设立关卡，凡是绸缎布匹进出关卡，一律征收重税。商贩交不起税，就不敢进城做买卖。这一年，正好又碰上一连两个月阴雨，苏州闹了一场水灾，桑田淹没，机户停工。孙隆一伙还要向机户收税，规定每台织机收税银三钱；每匹绸缎，收税银五分，这一来更逼得许多机户倒闭，机工失业。

有一天，织工葛贤（又名葛成）路过葑门，见到孙隆手下几个税棍，正围住一个卖瓜的农民痛打。葛贤一打听，才知道那瓜农挑瓜进城的时候，税棍逼他交税，交不出就抢他的瓜；等瓜农卖了瓜，买米出城的时候，税棍又抢他的米顶税银。瓜农不答应，就遭到税棍的痛打。

葛贤平日对税监的压迫剥削，本来怀着满腔气愤，看到这情形再也忍不住了，他挥动他手里的芭蕉扇，高声呼喊打坏蛋。路边的群众一呼百应，像潮水一样涌到葑门税卡。税棍黄建节想要逃跑已经晚了。群众把他包围起来，拾起乱石、瓦片向黄建节扔去。这个作恶多端的恶棍，被乱石打得头破血流，丧了性命。

这时候，群众越聚越多，反抗情绪也沸腾起来。葛贤看到大伙打死了黄建节，知道事情闹大了，就和群众一起，到玄妙观开会商量。大家一不做，二不休，推举葛贤等20多人当首领，找税监孙隆算账。

葛贤等分路找到12个税棍的家，点起了一把火，把他们的家全烧了；另一路群众浩浩荡荡来到苏州税监衙门，捉拿孙隆。一时间，呐喊声震天动地，孙隆吓得魂不附体，爬出后墙，狼狈逃到杭州去了。

孙隆逃出苏州以后，苏州知府下令捉拿参加暴动的人。葛贤得到这消息，怕连累大家，自己跑到苏州府衙门，说："带头的就是我一个人，要杀要剐由我顶着，不要牵连别人。"

知府正为这个案子抓不到为首的人发愁，见到葛贤挺身出来投案，就把他关进监狱。

葛贤进监狱那天，成千上万的苏州市民含着眼泪为他送行。葛贤进了监狱，又有上千个人络绎不绝带着酒饭、衣服来慰问。葛贤再三推辞不收，大家还是不肯带回去，葛贤就把大伙慰问的酒饭等都分给监狱里被押的难友了。

明朝统治者看到这情况，没敢杀害葛贤。葛贤坐了两年牢，终于被释放。

舍生取义不降元朝的文天祥

> 生，亦我所欲也；义，亦我所欲也；二者不可得兼，舍生而取义者也。
>
> ——孟子

文天祥(1236—1283)，字宋瑞，一字履善，号文山，南宋庐陵(今吉安)人。南宋末年，朝廷偏安江南，国势弱小，北方蒙古族于1271年结束了内部争夺皇位的自相残杀局面，建立了元朝，接着把侵略矛头直指南宋。1273年，丞相伯颜统20万大军攻下襄、樊，以此为突破口，顺江而下，两年不到，便直临南宋首都临安的近郊。蒙古兵所过之处，尸横遍野，血流成河，农田荒废，百业凋敝，这是一场空前残暴的野蛮的侵略战争，南宋面临着亡国灭种的严重威胁，文天祥就是在这种形势下出现的抗击侵略的伟大民族英雄。

南宋朝廷长期为投降派所把持。在1259年，宰相贾似道便以称臣、割江北地区和岁纳银绢各20万两匹为条件，暗中屈膝求和。伯颜却意在灭宋，并不停止南侵。1275年，将贾似道13万大军消灭，朝廷便再无可用之兵。

此时宋恭帝在位，年仅4岁，太皇太后谢氏临朝听政，不得不发出“哀痛诏”，号召天下四方迅速举兵“勤王”。文天祥当时正担任赣州知府，他“捧诏涕泣”，并立即行动，在3个月内便组织了第一支“勤王”队伍近万人，几经周折，赶到了临安。而在成千上万大小地方官中，带兵勤王的只不过他和张世杰等三人而已，这个政权腐朽到什么程度，可见一斑。

1276年正月十八日，伯颜兵临皋亭山，左相留梦炎早已投降叛变。其他大臣或已投降。伯颜虽愿受降，却要右相陈宜中去元营洽谈，陈哪有这个勇气？当天晚上便逃之夭夭。谢太后可派的人只剩下一个文天祥。他毅然临危受命，但不是去投降，他考虑是“战、守、迁皆不及施”，“国事至此，予不得爱身”，他甚至想借此机会观察一下敌营的虚实以谋“救国之策”。但是他没有想到，正当他指斥伯颜扣押不能返回宋营时，他的义兵则在同时被投降派命令解散。敌人的凶残不曾使文天祥受困，昏庸的朝廷和无耻的投降派却使他遭到了第一次严重的挫折。

1276年二月初九日，文天祥被押送去大都(今北京)，行至京口(今镇江)，在义士的帮助下，逃脱了虎口，据他在《指南录后序》所记，至少有16次幸免于死，经过千辛万苦，于四月初八日逃到了温州，此时他听说度宗的两个儿子(即恭帝的两个兄弟)已逃到福州，于是立即上表劝进。不久，被诏至福州，任右丞相兼枢密院事，后又命为同都督。7月，文天祥便在南剑州(今福建南平)打起帅旗，号召四方英雄豪杰，各自起兵，收复失地。1277年3月，文天祥统兵进军江西，收复南部数十州县，同时围困赣州，湖南、湖北皆起而响应，震撼了江南，鼓舞了人民的反侵略意志，使元统治者大为惊慌。元忙调40万大军来解赣州之围，另派兵5万追击文天祥。文部不过5 000余人，这年8月，空坑一战，遂致大败，部将数人牺牲，文妻及子女皆被俘，赵时尝在紧急中假扮文天祥，吸引了元军，文才得乘间逃脱。赵随即被杀。这是文天祥在一年多时间内所遭到的第二次重大挫折。

但是文天祥并没有灰心丧气，他下定决心抗元到底。1278年11月，他收拾残军，加以扩充，移兵广东潮阳，不幸于12月20日兵败五坡岭，文天祥自度难以逃出重围，当即吞服随带的冰片，以求一死，免遭污辱，但他并未死，而在昏迷中被俘了。这是他遭遇的最后一次严重的挫折。从此以后，文天祥便再也不能统领义军在战场上与元军拼杀。

文天祥被俘后，打定主意，只求义死而不求苟生。威武不能屈，富贵不能淫。还在伯颜将他扣押北营时，他便明白地告诉对手："宋状元……所欠一死报国耳，宋存与存，宋亡与亡，刀锯在前，鼎镬在后，非所惧也，何怖我？"1279年10月，元平章阿合马来文天祥囚所劝降，文天祥长揖就座，不把他放在眼里，阿合马却要他下跪，文天祥说："南朝宰相见北朝宰相，何跪？"阿合马以胜利者自居，傲慢地说："你何以至此？"文天祥嘲讽地说："南朝若早用我为相，你去不了南方，我也不会到你这里来，你有什么可神气的？"阿合马用威胁口气对左右说："此人生死尚由我。"文天祥正义凛然道："亡国之人，要杀便杀，道甚由不由你。"阿合马自讨没趣，灰溜溜地走了。同年年底，元丞相孛罗审问文天祥。孛罗一来就摆威风，要文跪下，遭到文拒绝，左右便用武力强使文天祥作跪拜状，文凛然说道："天下事，有兴有废，自古帝王以及将相，灭亡诛戮，何代无之？天祥今日……至于此，幸早施行。"临刑前夕，皇帝忽必烈亲自出马劝降，以宰相之职作为诱饵，妄图使文天祥投降，但遭文天祥严厉拒绝。忽必烈只好问他，那你究竟要什么呢？文天祥回答说："愿以一死足矣！"文天祥这种以身殉国、视死如归的伟大精神使得敌人束手无策，一筹莫展。这实际上等于宣布了反侵略战争的胜利，是正义的胜利和他自己所赞颂的"正气"的胜利。也等于宣布侵略者的失败，是一切投降派和卖国贼的失败。

在国家民族危亡紧急时刻，文天祥无时无刻不把国家民族利益看作最高的利益，对投降派和奸佞之徒从不留情。1259 年，元军渡江围鄂州，皇帝宠幸的内侍董宋臣怂恿宋帝迁都，文天祥勇敢地上疏，乞斩董宋臣。1275 年，朝廷追封投降元军大将吕文德为和义郡王，又提拔他的侄子吕师孟为后部尚书，投降气氛一时弥漫京城，文天祥又上书乞斩吕师孟，以稳军心。文天祥被俘后，留梦炎 班降贼都曾硬着头皮来劝降，文一律唾骂置之，就连先已投敌的宋恭帝前来劝降时，也被置之不理。文天祥明确提出“社稷为重，君为轻”。他并不对帝王愚忠，而只无条件地忠于国家和民族。

1283 年 1 月 9 日，文天祥在大都菜市口英勇就义。他死后留下了大量诗文，其中如《过零丁洋》中的“人生自古谁无死，留取丹心照汗青”；狱中所作的《正气歌》以及死后从其衣带中发现的“衣带诏”（孔曰“成仁”，孟曰“取义”，惟其义尽，所以仁至，读圣贤书，所学何事？而今而后，庶几无愧）都已成为光照日月、气壮山河的绝唱，成为民族精神财富的宝贵部分。文天祥也因此成为永垂不朽的民族英雄。

持节不变的洪皓

苟利国家，不求富贵。

——《礼记·儒行》

南宋朝廷中除了文天祥，还有一位被誉为与汉朝苏武不相上下的坚守气节的大丈夫，那就是洪皓。

洪皓，字光弼，鄱阳（今江西波阳）人，自小便有气节和志向。他的一生真可以用一段话来总结：贫贱不能移，富贵不能淫，威武不能屈。

他曾出使金国，结果在那被流放于冷山 15 年，受尽艰辛，但其始终持节不变，而且为官无私爱民，受人景仰。

洪皓是政和五年进士及第。宣和年间，被任为秀州司录。当地发大水，百姓流离失所，洪皓向太守请求让自己担起拯救灾荒的任务，打开粮仓减价卖给灾民，百姓受益甚多。

此时，正逢从浙东运往都城的米刚从城下经过，洪皓请求太守留下粮食救济百姓，太守知道私截皇粮是杀头之罪，认为万万不可为。洪皓大义凛然地说：“我愿以自己一人的性命来换 10 万人的性命。”百姓都被他深深感动，称呼他为“洪佛子”。

后来秀州军队叛乱，肆意抢掠，无一人幸免，但路过洪皓家门口却不敢冒犯，说道："这是洪佛子的家。"

高宗建炎三年，洪皓被派出使金国。金大将完颜宗翰强迫其任南宋叛臣刘豫的伪官，洪皓严词拒绝，宁死不屈。完颜宗翰大怒，想要杀他，旁边的金国官员赞叹洪皓是真正的忠臣，跪下为他求情，洪皓才免于一死，但被流放到冷山一带(今吉林农安北面)。冷山非常寒冷，4 月草生，8 月就开始下雪。洪皓住在山洞里，有时两年都得不到食物，盛夏时仍穿着厚厚的粗布衣服。遭遇大雪时，柴火烧完，洪皓只能用马粪燃火煨面来吃。在此期间，金人不死心，经常来劝降，洪皓始终不为所动。后来金主听说他的声名，想任他为翰林直学士，洪皓一心决不侍候二主，坚辞不受。

洪皓在金国很长时间，处境恶劣危险，但他坚守气节，连金人都非常敬佩，他所写的诗文，金人都争着传诵刻版印刷。

虽然身处危困之地，但他仍竭尽全力帮助大宋朝廷探听消息，以及救济帮助流落至此的宋室贵族子弟。

绍兴十二年(1142 年)，金与宋议和，金主因生子而大赦天下，洪皓得以南归。从洪皓出使到回国，在金国流放了 15 年之久。一起去的 13 人中，只有洪皓、张邵、朱弁得以活着回来，而以忠义闻名天下的，只有洪皓一人。

在内殿见到皇帝后，他没有居功自傲，而是请求返回家乡奉养母亲。皇帝说："您忠贯日月，志不忘君，即使苏武也比不过你，怎可舍我而去呢?"

洪皓回国后，金的使者来了，一定会询问洪皓现在做什么官，住在哪里。

洪皓后来在论事中对秦桧说：不可苟安钱塘，结果被秦桧所嫉恨，屡次以谗言陷害，致使其多次被贬，在外流离辗转任职 10 年，最后在南雄州病逝，终年 68 岁。

他死后第二天，秦桧也死去。但是历史给予洪皓和秦桧的评价却是天壤之别。洪皓因为持节不变而彪炳青史，万世流芳。秦桧最终被塑成石像跪在岳飞坐像前数百年之久，遭世人唾弃。

皇帝听说洪皓去世，很是叹惜，赠其敷文阁直学士，赠官四级，谥号"忠宣"。

实话实说是非分明的高允

> 是是非非谓之知，非是是非谓之愚。
>
> ——《荀子·修身篇》

高允(390—487)，北魏文学家。字伯恭。是渤海蓨县(今河北景县)人。初被征为中书博士，迁侍郎，授太子经书。曾与崔浩同修国史，后浩以国史案被杀，他以太子营救得免。

北魏的统治者是鲜卑族拓跋部人。在东晋初年，拓跋部还是我国东北的一个游牧部落，后来吸收了中原文化，逐步建立了封建的经济制度。公元386年，鲜卑贵族拓跋珪建立了北魏，就是魏道武帝，魏道武帝建立北魏王朝以后，任用了一批汉族士人当他的谋士。其中最有名望的要数崔浩。

崔浩在北魏统一北方的战争中，立了很大功劳，受到北魏三代皇帝的信任。到魏太武帝即位以后，他担任司徒，掌握了朝政大权，还派了几十名汉族士人，担任各地郡守。这样，他和鲜卑统治者之间就发生了矛盾。

魏太武帝派崔浩带几个文人编写魏国的历史。太武帝叮嘱他们，写国史一定要根据实录。

崔浩和他的同事按照这个要求，采集了魏国上代的资料，编写了一本魏国的国史。当时，皇帝要编国史的目的，本来只是留给皇室后代看的。但是崔浩手下有两个文人，偏偏别出心裁，劝崔浩把国史刻在石碑上，让百官看了，也可以提高崔浩的声望。崔浩自以为功大官高，没有什么顾虑，真的花了大批人工和费用，把国史刻在石碑上，还把石碑竖在郊外祭天坛前的大路两旁。国史里记载的倒是史实，但是北魏的上代文化还十分落后，有些事情在当时看来，是不体面的。过路的人看了石碑，就纷纷议论起来。

北魏的鲜卑贵族认为这一来丢了皇族的面子，就向魏太武帝告发，说崔浩一批人写国史，是成心揭朝廷的丑事。

魏太武帝本来已经嫌崔浩太自作主张，一听这件事，就发了火，命令把写国史的人统统抓起来查办。参加编写的著作郎高允是太子的老师。太子得到这个消息，着急得不得了，把高允找到东宫（太子居住的宫），跟他说："明天我陪你朝见皇上，如果皇上问你，你只能照我的意思答话，别的什么也别说。"高允不知道是怎么回事。第二天就跟随太子一起上朝。太子先上殿见了太武帝，说："高允这个人向来小心谨慎，而且地位比较低。国史案件全是崔浩的事，请陛下免了高允的罪吧。"太武帝召高允进去，问他说："国史都是崔浩写的吗？"

高允老老实实地回答说："不，崔浩管的事多，只抓个纲要。具体内容，都是我和别的著作郎写的。"太武帝转过头对太子说："你看，高允的罪比崔浩还严重，怎么能饶恕呢？"太子又对魏太武帝说："高允见了陛下，心里害怕，就胡言乱语。我刚刚还问他来，他说是崔浩干的。"太武帝又问高允："是这样的吗？"高允说："我犯了罪，怎么还敢欺骗陛下。太子刚才这样说，不过是为了想救我的命。其实太子并没问过我，我也没跟他说起过这些话。"

魏太武帝看到高允这样忠厚直率，心里也有点感动，对太子说："高允死到临头，还不说假话，这确是难能可贵的。我赦免他的罪就是了。"魏太武帝又派人把崔浩抓来审问。崔浩已经吓得面无人色，什么也答不上来。太武帝大怒，要高允起草一道诏书，把崔浩满门抄斩。

高允回到官署，犹豫了半天，也没有写出半个字来。太武帝派人一再催问，高允说："我要求再向皇上面奏一次。"高允进宫对太武帝说："我不知道崔浩还犯了什么罪。如果仅仅是为了写国史，触犯朝廷，也不该判死罪。"魏太武帝认为高允太不识好歹，吆喝一声，叫武士把他捆绑起来。后来太子再三恳求，太武帝气消了，才把他放了。

事后，太子埋怨高允说："一个人应该见机行事。我替你告饶，你怎么反而去触怒皇上。我想起这件事，真有点害怕。"

高允说："崔浩做这件事私心重，是有错误的，但是，编写历史，记载帝王活动，朝政得失，这并没有错。再说，国史是我和崔浩一起编写的，出了事，怎能全推给他呢。殿下一心救我，我是十分感激的。但是要我为了活命说违背良心的话，我是不干的。"

魏太武帝到底没有饶过崔浩，把崔浩和他的几家亲戚满门抄斩。但是由于高允的直谏，没有株连到更多的人。据太武帝自己说：要不是高允，他还会杀几千个人呢。

不畏强权为百姓说话的海瑞

> 言成事者，以功著而易显；谋几初者以理隐而难昭。
>
> ——《后汉书》

海瑞（1514—1587），广东琼山人，即现在的海南岛，字汝贤，号刚峰。他取此号的意思是一切以刚为主，要终生刚直不阿。因此人们尊称他为刚峰先生。

海瑞是明朝嘉靖时期的著名清官，由于敢于直言进谏，惩恶扬善，一心为民谋利，被人民敬为海青天、南包公。

在严嵩掌权的日子里，别说是严家父子，就是他们手下的同党，也没有一个不是依官仗势，作威作福的。上至朝廷大臣，下至地方官吏，谁都让他们几分。可是在浙江淳安县里，有一个小小知县，却能够秉公办事，对严嵩下面同党，一点不讲情面。他就是大名鼎鼎的海瑞。

海瑞从小死了父亲，靠母亲抚养长大，家里生活十分贫苦。20多岁他中了举人后，做过县里的学堂教谕，教育学生十分严格认真。不久，上司把他调到浙江淳安做知县。过去，县里的官吏审理案件，大多是接受贿赂，胡乱定案的。海瑞到了淳安，认真审理积案。不管什么疑难案件，到了海瑞手里，都一件件调查得水落石出，从不冤枉好人。当地百姓都称他是"青天"。

海瑞的顶头上司浙江总督胡宗宪，是严嵩的同党，仗着他有后台，到处敲诈勒索，谁敢不顺他心，就该谁倒霉。

有一次，胡宗宪的儿子带了一大批随从经过淳安，住在县里的官驿里。要是换了别的县份，官吏见到总督大人的公子，奉承都来不及。可是在淳安县，海瑞立下一条规矩，不管大官贵戚，一律按普通客人招待。

胡宗宪的儿子，平时养尊处优惯了，看到驿吏送上来的饭菜，认为是有意怠慢他，气得掀了饭桌子，喝令随从，把驿吏捆绑起来，倒吊在梁上。驿里的差役赶快报告海瑞。海瑞知道胡公子招摇过境，本来已经感到厌烦；现在竟吊打起驿吏来，就觉得非管不可了。海瑞听完差役的报告，装作镇静地说："总督是个清廉的大臣。他早有吩咐，要各县招待过往官吏，不得铺张浪费。现在来的那个花花公子，排场阔绰，态度骄横，不会是胡大人的公子。一定是什么地方的坏人冒充公子，到本县来招摇撞骗的。"说着，他立刻带了一大批差役赶到驿馆，把胡宗宪儿子和他的随从统统抓了起来，带回县衙审讯。一开始，那个胡公子仗着父亲的官势，暴跳如雷，但海瑞一口咬定他是假冒公子，还说要把他重办，他才泄了气。海瑞又从他的行装里，搜出几千两银子，统统没收充公，还把他狠狠教训一顿，撵出县境。

等胡公子回到杭州向他父亲哭诉的时候，海瑞的报告也已经送到巡抚衙门，说有人冒充公子，非法吊打驿吏。胡宗宪明知道他儿子吃了大亏，但是海瑞信里没牵连到他，如果把这件事声张起来，反而失了自己的体面，就只好打落门牙往肚子里咽了。

过了不久，又有一个京里派出的御史鄢懋卿（鄢音 yān，懋音 mào）被派到浙江视察。鄢懋卿是严嵩的干儿子，敲诈勒索的手段更狠。他到一个地方，地方官吏要是不"孝敬"他一笔大钱，他是不肯放过的。各地官吏听到鄢懋卿要来视察的消息，都犯了愁。但是鄢懋卿偏又要装出一副奉公守法的样子，他通知各地，说他向来喜欢简单朴素，不爱奉迎。海瑞听说鄢懋卿要到淳安，给鄢懋卿送了一封信去，信里说："我们接到通知，要我们招待从简。可是据我们得知，您每到一个地方都是大摆筵席，花天酒地。这就叫我们为难啦！要按通知办事，就怕怠慢了您；要是像别地方一样铺张，只怕违背您的意思。请问该怎么办才好。"鄢懋卿看到这封信揭了他的底，直恼得咬牙切齿。但是他早听说海瑞是个铁面无私的硬汉，又知道胡宗宪的儿子刚在淳安吃过大亏，有点害怕，就临时改变主意，绕过淳安，到别处去了。

为了这件事，鄢懋卿对海瑞怀恨

在心，后来，指使他的同党在明世宗面前狠狠告了海瑞一状，海瑞终于被撤了淳安知县的职务。等到严嵩倒了台，鄢懋卿也被充军到外地，海瑞恢复了官职，后来又被调到京城。

海瑞到了京城，对明世宗的昏庸和朝廷的腐败情况，见得更多了。那时候，明世宗已经有 20 多年没有上朝，他躲在宫里一个劲儿跟一些道士们鬼混。一些朝臣谁也不敢说话。海瑞虽然官职不大，却大胆写一道奏章向明世宗直谏。他把明王朝造成的腐败现象痛痛快快地揭露出来。他在奏章上写道："现在吏贪官横，民不聊生。天下的老百姓对陛下早就不满了。"

海瑞把这道奏章送上去以后，自己估计会触犯明世宗，可能保不住性命。回家的路上，顺道买了一口棺材。他的妻子和儿子看到全吓呆了。海瑞把这件事告诉了亲人们，并且把他死后的事一件件交代好，把家里的仆人也都打发走了，准备随时被捕处死。

果然，海瑞这道奏章在朝廷引起了一场轰动。明世宗看了，又气又恨，把奏章扔在地上，跟左右侍从说："快把这个人抓起来，别让他跑了！"旁边有个宦官早就听到海瑞的名声，跟明世宗说："这个人是个出名的书呆子，他早知道触犯了陛下活不成，把后事都安排了。我看他是不会逃走的。"

后来，明世宗还是下命令把海瑞抓了起来，交给锦衣卫严刑拷问。直到明世宗死去，海瑞才得到释放，其英名流传至今。

是非面前仗义执言的杨继盛

善观人者，观其所言而已矣。

——（清）章学诚

杨继盛（1516—1555），明代著名谏臣。明正德 11 年生于河北容城。其母早亡，其父另娶，生活孤苦，白天放牛，晚间访师问友，深夜秉烛长读，终在嘉靖年间得中进士，官至兵部员外郎。

明武宗死后，他的堂弟朱厚熜继承皇位，这就是明世宗。明世宗刚即位的时候，在政治上采取一些改良措施，像限制宦官权力，整顿税收等等。但是后来迷信道教，在宫内设坛求仙，渐渐不大过问朝政。凡是迎合他信道的，就得到重用，大学士严嵩，就是因为他善于起草祭神的文书，逐步取得了内阁首辅（相当于宰相）的地位的。

严嵩并没有什么才能，他只知道奉承拍马，讨得世宗的欢心。他当上首辅后，和他儿子严世蕃一起，结党营私，贪赃枉法，干尽坏事。当时一些没骨气的朝臣都投靠他，有 30 多个官员做了他的干儿子。有了这些爪牙，他更加可以操纵朝政了。

严嵩掌权的时候，北面鞑靼部（蒙

古族的一支)强大起来,统一了蒙古各部,成为明朝很大的威胁。严嵩不但不想加强战备,反而贪污军饷,让兵士们受饥挨饿。鞑靼首领俺答好几次打进内地,明军没有力量抵抗。公元1550年,俺答带兵长驱直入,一直打到北京城郊。明世宗派严嵩的同党仇鸾为大将军,统率各路援军保卫京城。严嵩怕仇鸾打败仗,指使仇鸾不要抵抗。结果,让鞑靼兵在北京附近掳掠了大批人口、牲畜、财物,满载回去。京城附近10万多明军,竟一箭不发。

过了一年,仇鸾又勾结俺答,准备和鞑靼讲和。这件事引起了一些正直大臣的愤慨,特别是兵部员外郎杨继盛。

杨继盛,保定容城人,出身贫苦。他7岁的时候,就失去了母亲,继母待他不好,让他去放牛。杨继盛放牛经过私塾,看到村里一些孩子们在读书,十分羡慕,向他哥哥请求让他读书。哥哥说:“你年纪太小,读什么书?”杨继盛回答说:“我能放牛,就不能读书?”他父亲见他有志气,就让他一面读书,一面放牛,果然上进很快。后来应科举考试,中了进士,在京城里受到不少大臣的赏识。

杨继盛为人正直,看到严嵩、仇鸾一伙丧权辱国的行为,怎么也忍受不了。他向明世宗上奏章,反对议和,希望朝廷发奋图强,选将练兵,抵抗鞑靼。明世宗看了奏章,也有点心动,但是禁不起仇鸾一撺掇,反把杨继盛降职到狄道(今甘肃临洮)做典史。

杨继盛到了狄道,并不灰心丧气。狄道是少数民族聚居的地方,当地人不识字。杨继盛到了那里,挑选了100多个青少年,请个老师教他们念书。学生家里没有钱,杨继盛把自己的马和妻子的衣服变卖了帮助他们。当地百姓都爱戴杨继盛,称呼他为“杨父”。

杨继盛被贬谪后,明朝和鞑靼讲和,互相通商。但是不久俺答就破坏和议,多次进攻边境。仇鸾的密谋暴露,吓得发病死了。这时候,明世宗才想到杨继盛的意见是对的,把他调回京城。严嵩也想拉拢杨继盛,哪知道杨继盛对严嵩更是深恶痛绝。他回到京城刚1个月,就上奏章给明世宗弹劾严嵩,大胆揭发严嵩十大罪状,条条都有真凭实据。他在奏章中还说,严嵩有十大罪,却可以蒙蔽皇上,因为还有“五奸”帮助他,这就是严嵩的间谍、爪牙、亲戚、奴才、心腹,都密布在世宗的左右。

这道奏章打中严嵩的要害,严嵩气急败坏,在明世宗面前诬陷杨继盛。明世宗大怒,把杨继盛打了100板廷杖,关进大牢。

杨继盛被廷杖打得遍体鳞伤,腿肉也打烂了,连狱卒看了也心酸,杨继盛却态度泰然,像没事儿一样。亲友们听到杨继盛伤势重,通过狱卒送给他一只蛇胆当伤药。杨继盛推辞不受,说:“我自己有胆,用不着这个!”

杨继盛在监狱里被关了3年，实在审不出什么罪状，一些官员想营救他出狱。严嵩同党跟严嵩说："你不杀杨继盛，不是养老虎给自己留后患吗?"严嵩下个狠心，撺掇明世宗把杨继盛杀害了。

舍身悼亡友的鲁迅

> 宁可穷而有志，不可富而失节。
>
> ——罗马尼亚

1933年6月，蒋介石指使特务在上海公然将中国民权保障同盟副会长兼总干事杨杏佛杀害了。消息传出，震动了整个社会。

鲁迅(1881—1936)和其他民权保障同盟的主要成员宋庆龄、蔡元培都收到特务的恐吓信。在黑名单上，也有鲁迅的名字，许多人都为鲁迅捏一把汗，劝他暂时躲一躲。

鲁迅没有躲，反而毅然决定前去万国殡仪馆参加杨杏佛的葬礼，并且破例出门不带钥匙，表示有去无回，和反动派斗争到底。他说：怕什么，杀死一个杨杏佛，会有更多的杨杏佛；杀死鲁迅，同样会有更多的鲁迅，而且比这个鲁迅更有力。

夫人许广平非常替鲁迅的安全担心，一出门就紧随鲁迅左右，随时准备用自己的身体挡住突然射来的罪恶子弹。而鲁迅却认为，死一个就够了，何必再陪上一个。他硬逼着许广平分开走，免得一起遇害。

万国殡仪馆里里外外布满了特务。同盟的其他成员如林语堂就没去。鲁迅的出现，是特务没有预料到的，他们惊慌失措，反而不知该怎么办了。有一个特务偷偷将鲁迅打量了一番，不觉有些吃惊。他听到的宣传是，鲁迅如何的有钱，每月领上千的津贴，又怎样的可恶，专门欺骗青年人，而眼前见到的却是一个穿着补丁长衫、半旧的球鞋，相貌威严中含慈祥的老人，说他像个正直的穷学究倒比较恰当。只是这老人身上透出一股无形的力量，尤其是那双锐利的眼睛，像是一眼就能看透你的五脏六腑。特务拿着枪把的手不由得颤抖起来。

也许是由于鲁迅在国内外威望很高，暗杀了他不好收场的缘故，反动派没敢贸然下手。送殓回来，鲁迅满腔悲愤，"怒向刀丛觅小诗"，挥笔写下了《悼杨铨》：

岂有豪情似旧时，
花开花落两由之。
何期泪洒江南雨，
又为斯民哭健儿。

坚持用中文作报告的丁肇中

不为穷变节，不为贱易志。

——汉·桓宽

华人在自己的祖国聚会，用什么语言交谈？这也许是个毫无疑问的常识问题。谁不知道华人同文同种讲汉语？

然而怪事偏偏就出在同种不同文，华人在华开会竟然“禁说”华语。2004年6月28日至7月1日上海召开的第四届全球华人物理学家大会上，聚集的学界精英尽管都是黄皮肤黑头发，但从论文汇编到会议网站，从演讲到提问，甚至会场门口的指南，全是英文。有人申请用中文做报告未获准许，只好用不熟练的英文演讲，致使论文原意不能充分表达。一位与会学者认为，大多数报告用中文完全可以讲清楚，而且更容易被听众理解。即使考虑到部分海外华裔学者的需要，至少可以采用中英文双语，但这些要求被组织者以国际惯例为由而拒绝。大有非熟练英语者不得发声的意思。

组织者所谓“国际惯例”，如果不是故意蒙人，就是连起码的常识也不懂。联合国的工作语言有6种，汉语乃是其中之一。倘说“国际惯例”，至少应该是包括汉语在内的6种工作语言同时使用。随着中国国力日渐增强，外国学汉语的人与日俱增，汉语成为世界强势语言的特征已经显现，我们为什么还要崇拜英语到走火入魔的地步？

令人敬佩的是丁肇中教授，他不顾“禁令”，坚持以中文作报告。丁教授的英语水平毋庸置疑，但当他荣获诺贝尔奖发表演说，却用汉语。他说，汉语是他的母语。这一次，丁肇中在用汉语表达学术思想的同时，也表达了超越物理意义的文化情感。中华儿女遍布世界各国，但无论相隔多远，差别多大，他们以通用的汉语作为中华民族的主要标志，这无疑是中华民族大团结形成和巩固之基础。丁肇中教授此举，令人尊敬。

我们的国土神圣不可侵犯，因为那是中华民族世世代代、生生不息的地方；汉语神圣不可歧视，因为那是中华文化时时刻刻、绵绵永续的精神家园。保护我们的精神家园，维护汉语的尊严，也就是维护民族的尊严。不错，加入世界贸易组织后，我们有许多事情都要跟国际接轨，但体现民族传统、民族文化、民族精神的语言、文字，绝不在接轨之列。法、德等不少国家甚至拒绝在自己的文字中夹杂英文，而俄罗斯总统普京也签署命令，要求维护俄语的纯洁性。显然，语言、文字与国家、民族的命运是紧密相连的，我们能不深省吗？

记得小时候听老师讲都德的《最后一课》，她说，灭绝一个民族最恶毒、最有效的手段，就是迫使该民族放弃自己的母语。她说着说着就哭了，我们也哭了。她说，我们靠祖国生存着，我们靠母语发展着——这不是“最后一课”，这是永远的一课！

林肯以事实为据替人辩护

> 能辨真假，是一种大学问。
>
> ——(明)吕坤

亚伯拉罕·林肯(1809～1865)，美国政治家，第16任总统，也是首位共和党籍总统。在其总统任内，美国爆发内战，史称南北战争。林肯废除了奴隶制度，击败了南方分离势力，维护了国家的统一。内战结束后不久，林肯遇刺身亡。他是第一个遭到刺杀的美国总统。

他在当选总统之前，当过律师。他富于同情心，敢于主持正义，在诉讼活动中以说理充分、例证丰富、逻辑性强而素负盛名。

有一次，一个叫阿姆斯特朗的青年被人诬告为图财害命。小伙子有口难辩，被判定有罪。而阿姆斯特朗的父亲生前是林肯的好朋友。可以说林肯是看着阿姆斯特朗长大的，他熟悉这位老朋友的儿子的为人，向来忠厚老实，不可能干出这种伤天害理的事来。他主动要求担任阿姆斯特朗的辩护律师，认真查阅案卷，到现场调查，很快掌握了全部事实。他断定阿姆斯特朗是受人诬陷而蒙冤受屈的。他要求法庭重新审理这个案子。

法庭碍于林肯的名望，同意重新开庭审理。捉蛇抓七寸，要推翻这个案子该从什么地方着手呢？林肯研究了全部案卷之后，已经胸有成竹：这个案子的关键就在作证人福尔逊身上。因为他一口咬定，在10月18日的夜半月光下，他在一个草垛后面，清楚地看见阿姆斯特朗开枪把人打死了。这个鬼迷心窍的证人肯定是被诬告人收买了。林肯决定从这个福尔逊身上打开缺口。“福尔逊先生”法庭上，林肯直接质问这位证人，“你敢当众发誓，说在10月18日的月光下看清的是阿姆斯特朗，而不是别人？”“是的，我敢发誓！”福尔逊说。“你站在什么地方？”林肯问。“草堆后面。”“阿姆斯特朗在什么地方？”“大树下。”“是草堆西边的那棵大树？”“是的。”“你们两处相隔二三十米，你能认清吗？”“看得很清楚，因为月光很亮，正照在他脸上，我看清了他的脸。”福尔逊说。“你能肯定是11点吗？”“完全可以肯定。因为我回到屋里时，看过时钟，是11点。”福尔逊说得毫不含糊。林肯正气凛然的目光突然离开福尔逊，把脸转向大众，庄严宣布：“证人福尔逊是一个彻头彻尾的骗子!”这个意外的结论，顿时把法庭上的人都闹愣了，包括主审法官，都感到十分突兀。有人高声提出质问:“律师说话要摆事实讲道理，你根据什么事实得出这样的结论?”林肯回答道:“证人发誓赌咒，说他 10 月 18 日晚上在月光下看清了阿姆斯特朗的脸。可是，10 月 18 日那天应是上弦月，11 点时月亮已经落下去了，哪里还有什么月光?再退一百步讲，就算月亮还没有落下去，还在西天上，月光也应该从西往东照。而遮挡着福尔逊的草垛在东边，阿姆斯特朗站在西边的大树下，如果阿姆斯特朗的脸面向东边的草垛，也就是背对月亮，脸上就不可能照到月光;如果他不是面向草垛，证人又怎么能从二三十米远的地方看清被告人的脸呢?福尔逊不顾事实，说什么‘月光很亮，正照在他脸上’，还不是一派谎言?”

整个法庭肃静得简直可以听得见呼吸的声音。林肯说到这里，一阵骚动之后，突然爆发出一阵雷鸣般的掌声。林肯以无可辩驳的论证揭穿了证人的谎言，维护了法律，打赢了这场官司。阿姆斯特朗被宣判无罪。

案件看来证据确凿，难以推翻。然而林肯心中有数，他在庭审前就已经意识到证人所作的是伪证，为了当庭揭穿证人的谎言，林肯首先查阅了卷宗，接着又对案发现场进行了实地勘察，并找到了足以推翻伪证的事实证据。尽管如此，在法庭上林肯并没有上来就直接指出证人在说假话，而是巧妙地对证人进行了质询。林肯的问话看似多余(只是对前次开庭的简单重复)，实则是在固定证据，以防证人改变证词给辩护带来不必要的麻烦。等证人很惬意地回答完毕后，林肯突然回马一枪，一针见血地指出:“这个证人是个彻头彻尾的骗子”。接着林肯又充分利用法律论辩中的逻辑进行了层层剖析:“证人发誓说他于 10 月 18 日晚 11 点钟在月光下看清了被告阿姆斯特朗的脸，但历书已证明那天晚上是上弦月，11 点钟月亮已经下山了，哪来的月光?”月亮既已下山，就没有什么月光，福尔逊是不可能借助月光在二三十米的草堆处看清被告的脸。至此，证人的谎言不攻自破，法庭据以定罪的证据足以被推翻。但林肯并没就此打住，为了更能说服法庭及听众，林肯又进一步指出:即使时间稍有提前，月亮还在西边，但草堆在东大树在西，月光从西边照过来，被告如果脸向西，月光可以照到脸上，可是由于证人的位置在树的东面的草堆后，那他就根本看不到被告的脸;如果被告脸朝草堆，即向东，那么即使有月光，也只能照着他的后脑勺，证人更不能看清被告的脸。此时，真相大白，就连证人自己也不得不承认是被人收买来陷害被告的。

由于林肯精通法律，口才很好，在当地很有声望，很多人都来找他帮着打官司。但是他为当事人辩护有一个条件，就是当事人必须是正义的一方。许多穷人没有钱付给他劳务费，但是只要告诉林肯："我是正义的，请你帮我讨回公道。"林肯就会免费为他辩护。

一次，一个很有钱的人请林肯为他辩护。林肯听了那个客户的陈述，发现那个人是在诬陷好人，于是就说："很抱歉，我不能替您辩护，因为您的行为是非正义的。"那个人说："林肯先生，我就是想请您帮我打这场不正义的官司，只要我胜诉，您要多少酬劳都可以。"

林肯严肃地说："只要使用一点点法庭辩护的技巧，您的案子很容易胜诉，但是案子本身是不公平的。假如我接了您的案子，当我站在法官面前讲话的时候，我会对自己说：'林肯，你在撒谎。'谎话只有在丢掉良心的时候，才能大声地说出口。我不能丢掉良心，也不可能讲出谎话。所以，请您另请高明，我没有能力为您效劳。"

那个人听了，什么也没说，默默地离开了林肯的办公室。

坚持真理　不卖国求荣

JIAN CHI ZHEN LI　BU MAI GUO QIU RONG

为国尽忠誓死不降的张世杰

见出以知入，观往以知来，此其所以先知之理也。

——《孙子·说符》

张世杰是南宋名将，张柔之侄，原为金国人，现为河北省定兴县河内村人。蒙古灭金后投奔南宋，成为南宋末年最重要的统帅。

德祐二年(1276年)，小皇帝赵显被俘虏到大都去后，赵显的两个哥哥，九岁的赵昰(音 xià)和六岁的赵昺(音 bǐng)，也在南宋皇族和大臣陆秀夫护送下逃到福州。陆秀夫派人找到张世杰、陈宜中，把他们请到福州。3个大臣一商量，决定拥立赵昰即位，继续打起宋朝的旗帜，反抗元朝。

文天祥得到了这个消息，感到有了恢复的希望，马上也赶到福州，在新的朝廷里担任枢密使。他向陈宜中建议，从海路进攻元军，收复两浙地区。但是陈宜中认为这样做太冒险，不同意文天祥的意见。

文天祥只好改变主意，到南剑州建立都督府，招募人马，准备反攻。第二年，文天祥进兵江西，在各地起义军的配合之下，连续打败元军，收复了会昌等许多县城。这时候，另一路元军已经南下攻打福州。宋军节节败退，陈宜中眼看恢复没有希望，就独自乘船逃到海外去了。张世杰和陆秀夫等保护赵昰逃上海船，往广东转移。不幸海上刮起一场飓风，差点把船打翻，年幼的赵昰受了惊，得病死了。

张世杰和陆秀夫在海上又拥立赵昺即位，把水军转移到厓山(在今广东新会南，厓音 yá)。元朝大将张弘范向元世祖报告说，如果不迅速扑灭南方的小朝廷，恐怕有更多的宋人响应。元世祖就派张弘范为元帅，李恒为副帅，带领精兵2万人，分水陆两路南下。张弘范先派兵攻打驻守在潮州的文天祥。文天祥兵少势孤，被迫转移到海丰的一座荒山岭。元军突然赶到，文天祥被俘虏了。

元兵把文天祥送到张弘范大营，张弘范假意殷勤，给文天祥松了绑，把他留在营里，接着，就下命令集中水军开往厓出。元军到了厓山，张弘范先派人向张世杰劝降。张世杰说："我知道投降元朝，不但可以活命，而且可以得到富贵。但是，我宁可丢脑袋，决不变节。"

张弘范知道张世杰平日很敬佩文天祥，就要文天祥写信给张世杰招降。文天祥冷笑说："我自己不能救父母，难道会劝别人背叛父母吗?"张弘范叫人拿来笔墨，硬逼他写信。文天祥接过笔，毫不犹豫地写下两句诗：人生自古谁无死，留取丹心照汗青!

兵士把他写的诗句拿给张弘范，张弘范看了只好苦笑。他眼看劝降毫无希望，就只有拼命攻打。厓山在我国南面海湾里，背山面海，地势险要。张世杰在海上把1000多条战船排成一字阵，用绳索连接起来，船的四周还筑起城楼，决心跟元兵决一死战。元军用小船满装了茅草，浇足了油，点着了火，乘着风势向宋军发起火攻。张世杰早防到这一着，在船上涂上厚厚的一层湿泥，还缚了一根根长木头，顶住元军的火船。张弘范的火攻失败了，就用船队封锁海口，断绝了张世杰通往陆地的交通。宋兵在海上饿了吃干粮，渴了喝海水。海水又咸又苦，兵士们喝了纷纷呕吐。张弘范发动元兵发起猛攻，宋兵誓死抵抗，双方相持不下。

这时候，元军副统帅李恒也从广州到厓山跟张弘范会师。张弘范增加了实力，重新组织力量进攻。他把元军分为四路，围攻宋军。潮落的时候，元军从北面冲击；潮涨的时候，元军又顺着潮水从南面进攻。宋军两面受敌，正在拼命招架。忽然听到张弘范的坐船奏起音乐来。宋军听了，以为元将正在举行宴会，稍微松懈一下。哪想到这个乐声恰恰是元军总攻的讯号。乐声一起，张弘范的坐船发起进攻，箭如雨一样射向宋船。元兵在乱箭掩护下，夺了宋军7艘战船。各路元军一起猛攻，从晌午到傍晚，厓山的海上，海潮汹涌，杀声震天。

张世杰正在指挥战斗，忽然看见一条宋船降下了旗，停止抵抗，其他战船也陆续下了旗，张世杰知道大势已去，急忙一面把精兵集中在中军，一面派人驾驶小船，准备把赵昺接过来，组织突围。

赵昺的坐船，由陆秀夫守着。他对张世杰派去接赵昺的小船，闹不清是真是假，怕小皇帝落在元军手中，就拒绝了使者的要求。他回过头对赵昺说："国家到了这步田地，陛下也只好以身殉国了。"说着，就背着赵昺一起跳进了大海，被滚滚波涛淹没了。

张世杰没有接到赵昺，只好指挥战船，趁着夜色朦胧，突围撤退到海陵山。他点了一下战船，1000艘战船只剩下十几条。这时候，海岸又刮起了飓风，有人劝张世杰登岸避风。张世杰坚持不肯上岸。一阵巨浪袭来，把他的船打沉了。这位誓死抵抗的宋将终于落水牺牲。

公元 1279 年 2 月，元朝统一了中国，南宋宣告灭亡。

惨遭诬陷只因“莫须有”的岳飞

处明然后能明人。

——（宋）陆九渊

岳飞（1103～1142），精忠报国之人，汉族，著名军事家、民族英雄、抗金名将，字鹏举，南宋中兴四将（岳飞、韩世忠、张俊、刘光世）之一。死后 20 年，高宗禅位，孝宗为他平反，谥武穆，后宁宗改谥忠武，追封为鄂王。

岳飞 20 岁投军抗金。绍兴十一年（1141 年）12 月 29 日，秦桧以“其事莫须有”（难道没有这样的事吗）的罪名将岳飞治罪，在临安大理寺狱中被狱卒拉肋（猛击胸肋）而死，时年 39 岁。岳飞作为我国历史上的抗金民族英雄，其精忠报国的精神深受中国各族人民的敬佩。留有《岳武穆集》。存词 3 首。其率领的军队被称为“岳家军”，金人流传着“撼山易，撼岳家军难”的名句，岳飞诬陷被杀后，金国人举国弹冠相庆。因为，南宋再也没有任何一支军队能够像岳家军一样难以撼动！

绍兴和议之后，兀术派使者送密信给秦桧说：“你天天向我们求和，但是留着岳飞，我们不放心。一定得想法子把他除掉。”秦桧接到主子的密信，就向岳飞下毒手了。秦桧先唆使他的同党、监察御史万俟卨向朝廷上了一道奏章，攻击岳飞骄傲自大，捏造了岳飞在金兵进攻淮西的时候，拥兵不救，放弃阵地等许多“罪名”。万俟卨开了第一炮以后，又有一批秦桧同党接二连三上奏章攻击岳飞。岳飞知道秦桧跟他过不去，就主动要求辞去枢密副使的职务，高宗马上批准。

事情并没有到此结束。大将张俊原来是岳飞的上司，后来岳飞立了大功，遭到张俊的妒忌。秦桧知道张俊对岳飞不满，就勾结张俊，唆使岳家军的部将王贵、王俊，诬告另一个部将张宪想占据襄阳，发动兵变，帮助岳飞夺回兵权，还诬告岳飞的儿子岳云曾经写信给张宪，秘密策划这件事。秦桧根据王贵、王俊两个奸徒的诬告，先把张宪抓起来送进大理寺大狱，严刑拷打，张宪宁死不招。接着，秦桧又奏请高宗下令逮捕岳飞、岳云，到大理寺受审。

秦桧的使者去逮捕岳飞，岳飞笑着对使者说：“上有天，下有地，会证明我是无罪的。”

岳飞、岳云两人被逮捕到大理寺的时候，张宪已被拷打得遍体鳞伤，浑身是血，不像个人样儿。岳飞见了心里又难过，又气愤。审问岳飞的就是万俟卨。万俟卨拿出王贵、王俊的诬告状，放在岳飞面前，吆喝着说："朝廷哪里亏待你们三人，为什么要谋反？"岳飞说："我没有什么对不起国家的地方。你们掌管国法的人，可不能诬陷忠良啊！"旁边一些官员们也七嘴八舌地附和万俟卨，硬说岳飞想谋反。岳飞知道这批家伙都是秦桧的同党，申辩也没有用，就长叹一声说："我今天落在奸贼的手里，虽然有一片忠心，也没法申诉了。"

秦桧又派御史中丞何铸审问，岳飞一句话也不回答，他扯开上衣，露出脊梁让何铸看，只见岳飞背上刺着"精忠报国"4 个大字，痕迹很深。何铸一看，大为震动，不敢再审，就把岳飞押回监狱，再看了一些案卷，觉得说岳飞谋反确实没有证据，只好向秦桧照实回报。

秦桧认为何铸同情岳飞，不再让他审问，仍叫万俟卨罗织罪状。万俟卨一口咬定岳云曾经写信给张宪，布置夺军谋反的计划。他们没有物证，就诬说原信已经被张宪烧毁了。万俟卨反复拷问岳飞等 3 人，岳飞受尽酷刑，什么都不承认。有一天，万俟卨又逼岳飞写供词，岳飞在纸上只写下 8 个大字："天日昭昭，天日昭昭"。这个案件拖了两个月，审讯毫无结果。朝廷官员都知道岳飞冤枉，有些官员大胆上奏章替岳飞申冤，结果也遭到秦桧陷害。

老将韩世忠忍不住亲自去找秦桧，责问他凭什么说岳飞谋反，到底有什么证据。秦桧蛮横地说："岳飞给张宪的信，虽然没有证据，但是这件事莫须有（就是'也许有'的意思）。"

韩世忠气愤地说："'莫须有'3 个字，怎能叫天下人心服？"韩世忠反复力争，没有结果，就自己上奏章把枢密使职务辞了。

有一天，秦桧上朝回家，跟他妻子王氏在东窗下一起喝酒。秦桧手里拿着一只柑子，心神不定地用手指甲在柑子皮上乱划。王氏是个比秦桧还狠毒的人，她看出秦桧对要不要马上杀岳飞，还在犹豫，冷笑着说："你这老头儿，好没有决断，要知道缚虎容易放虎难啊！"秦桧听了王氏的话，狠了狠心，马上亲手写了一个纸条，秘密派人送到监狱。

公元 1142 年 1 月的一个夜里，这位年仅 39 岁的民族英雄在牢里被害牺牲。岳云、张宪同时被害。

岳飞被害以后，临安狱卒隗顺偷偷地把他的遗骨埋葬起来。直到宋高宗死后，岳飞的冤狱得到平反昭雪，人们把岳飞的遗骨改葬在西湖边栖霞岭上，后来又在岳墓的东面修建了岳庙。现在，在庄严雄伟的岳庙大殿里，端坐着全身戎装的岳飞塑像，塑像上方悬挂的匾额上，刻着岳飞亲笔写的"还我河山"4 个大字，使人肃然起敬。在岳飞墓门对面，还放着用生铁浇铸的秦桧、王氏、万俟卨和张俊 4 个反剪双手的跪像，反映了人民对民族英雄的景仰和对卖国贼的憎恨。

固守孤城焚诏拒降的李庭芝

> 粉身碎骨何所俱，留得青白在人间。
>
> ——于谦

南宋末年，金国势力渐衰，蒙古族渐盛，先后灭掉金和西夏，接着向南宋进攻。南宋统治阶级多主降，只有少数爱国官员挺身而出、率众抗敌，李庭芝就是当时坚持抗元斗争的杰出代表之一。

李庭芝，字祥甫，湖北随州应山县人。生于1219年，死于1276年。他自幼身体魁梧、聪明过人，喜欢玩枪弄棒，立志报效祖国。理宗嘉熙末年（1240年）蒙古族向南宋大举进犯，长江沿岸防线吃紧。李庭芝急国家之所急，主动去找负责湖北防务的主帅孟珙，献江防之计并请求给他为国效劳的机会。孟珙对他的爱国之举甚为称赞，就让他暂时代理湖北建始县令。李庭芝一到任，一面大力加强农业生产，一面教导农民操练武艺，仅用一年时间，就使建始县的青壮年农民成为既能生产又会打仗的战士了。淳初年（1241年），李庭芝考中进士，仍被派往孟珙幕府中，担任主管机要文字的秘书工作。1246年，孟珙在任上病逝。死前向皇帝推举贾似道镇守两湖，同时把李庭芝推荐给贾似道。贾似道任他为京湖制置司的参议。李庭芝向贾似道提出许多加强防务的建议，都切中要害。

1258年，蒙古蒙哥汗发三路大军向南宋大举推进。朝廷任命李庭芝镇守扬州。扬州经过几年的兵荒马乱，房屋倒塌，盐户逃亡，经济衰退，市面萧条。李庭芝采取了一系列的恢复措施：宽免百姓积年拖欠的租税；官府借钱给百姓修建房屋；纠集民工疏通运河，便利运盐经商。不久，百姓们把房屋盖起来了，外逃的盐户迁回来了。李庭芝还在扬州大办学舍，招收青年少年诵读诗书。扬州地区遭受水旱灾害，他就命令地方官开仓放粮，赈济百姓，甚至还把自己的积蓄拿出来救济灾民。李庭芝如此关心百姓疾苦，为民兴利除害，深受扬州人民爱戴。

1267年，投降蒙古的南宋潼川安抚使刘整向忽必烈献计：进攻南宋，必须先取襄阳，由汉水渡长江，宋朝可灭。第二年忽必烈以刘整为都元师，随同阿术进犯襄阳。他们造战船5千艘，练水兵7万，在襄阳城外筑了10个小城，在汉水上布满战船，企图用水陆封锁的办法困死城中军民。1270年，朝廷任命李庭芝为京湖制置大使，领兵出援襄樊。那时候，权臣贾似道当政，他怕李庭芝打了胜仗，立下大功，会威胁自己的权势，就派他的心腹范文虎为福州观察使，从中牵制李庭芝。范文虎成天在营中陪着爱妾嬉戏取乐，根本不打算行动。李庭芝屡次约他进兵，他都敷衍说："我还没有接到皇上的圣旨呢！"1271年夏，蒙古又调遣四川等地军队，水陆并进，加紧包围襄樊。这时，两城已被围5年，城里特别缺少盐、柴、布匹等物。1272年，李庭芝屯驻在郢州，得知襄阳西北有条清泥河可达襄阳，就选船百艘，招募民兵3000人，沿清泥河到襄阳运送物质，支援抗敌。这3000民兵明知此去九死一生，但人人感奋，毫不动摇。元军为封锁襄樊，用铁链、木筏填塞江口，简直无隙可通。民兵领袖张顺、张贵率轻舟顺流而下，冲进元军的封锁线，斩断元军设置的各种障碍物。元军见他们如天兵突如其来，夜里不敢交锋。他们在水上转战120里，黎明时抵达襄阳城下。城中守军见援军送来急需的物资，欢欣鼓舞，勇气倍长。这时独不见张顺。数日后张顺尸体在江中浮起，身中4创6箭，仍手执弓矢，怒气勃勃如生。张贵入城后，又带领能伏水中数日的水手2人，泅水去郢州约范文虎发兵夹击元军，不幸途中负伤被俘，英勇牺牲。

元军打不下襄阳，就转攻对岸的樊城。元军用大炮攻破樊城，守将牛富带着100多人展开巷战，杀伤很多敌兵，后来负重伤投火殉国。樊城失陷，驻守襄阳的吕文焕叛变降元，李庭芝因此而被免了官。后来，扬州守将印应雷因病死去，李庭芝又被任命为淮东制置使，来到扬州。1274年，元将伯颜、阿术率军沿长江顺流东进，南宋沿江守将望风披靡，纷纷不战而降。只有李庭芝忠心耿耿地率领着部下，坚守在长江北岸的扬州防地。

元军将扬州重重包围，久攻不下，就想用高官厚禄引诱李庭芝投降。元军派降将李虎拿着招降榜文来见李庭芝，李庭芝当场杀死李虎，把招降榜文烧掉。他派部将张俊出城作战，张俊却拿了降将孟子缙的信回来，劝李庭芝投降。李庭芝当即把信焚烧，同时把张俊和4个来人一起杀死。扬州军民见此情况，一个个斗志昂扬，守城的决心更大了。李庭芝固守城有功，被朝廷加官为参知政事。

1276年，伯颜领兵攻入临安，将谢太后和皇帝赵显等俘虏北去，李庭芝依然团结爱国军民坚守扬州。元军久攻不克，便叫谢皇太后下诏招降李庭芝。谢皇太后派使臣来到扬州城下，李庭芝登上城楼，激愤地说："自古以来，臣子只有奉命守城，没听说过奉诏投降的，真是岂有此理！"使臣讨个没趣，只好灰溜溜地回营复命去了。时过不久，谢皇太后被元军押解北去，路过瓜洲，又下诏要李庭芝投降。诏书上说："我和皇帝已经臣服了元朝，你还为谁守城呢？"李庭芝看了怒不可遏，用箭射死来使。烧了诏书，作为对谢皇太后无耻投降的回答。元将阿术见谢皇太后的诏书对李庭芝无效，便又派了一个使者手持元朝皇帝忽必烈的诏书来劝降，李庭芝还是一如既往，杀死使者，焚毁诏书。阿术的诱降接二连三地失败，他恼羞成怒，下令元军加紧攻城。扬州周围的州县守将因为粮尽弹绝，纷纷投降元军。此时，扬州城内的军粮也已经吃光了，士兵们以牛皮、麴蘖作食物，仍然坚持和敌人斗争，任凭元军的炮火箭矢怎样猛烈，扬州城还是固若金汤，岿然不动。元军的强攻失败了，就再一次祭起诱降的法宝。阿术于 1276 年秋又派人拿来忽必烈的诏书，在扬州城下说：只要李庭芝答应投降，元朝皇帝不仅不咎杀使焚诏的既往，而且还要重用他。李庭芝对敌人的无耻伎俩早已领教多次，根本不予理睬。

就在这年 5 月，陆秀山、张世杰等人在福州拥立广王赵昰作小皇帝，这就是宋端宗。端宗树起宋朝的旗帜，冀图恢复，继续抗元。他下诏李庭芝南下会合，共商复兴宋朝的大计。李庭芝觉得有了一个新政权，这便于号召四方，汇集抗元力量，心里很高兴。临行前，他命制置副使朱焕留守扬州，自己和部将姜才带领 7000 人马，计划经泰州入海，乘船去福州。

李庭芝刚到泰州，贪生怕死的朱焕就投降了元军，拱手把坚守两年多的扬州城送给敌人。接着，阿术率领的元军也随即赶到泰州，把泰州城包围得水泄不通。元军将李庭芝等人的家眷押解到泰州城下，扬言李庭芝不投降，就将他们全部处决。李庭芝还是坚决拒绝投降。阿术下令攻城。泰州守将孙贵、胡惟孝早被敌人的汹汹来势吓破了胆，夜里打开城门，把元军迎了进去。李庭芝闻讯，立即跳入莲池自杀，但因池中水浅，他被元军捉去了。元军又把他押解到扬州，再次劝降，李庭芝宁死不屈，最后英勇牺牲。扬州城的百姓听到李庭芝以身殉国的消息，人人痛哭流涕。这年李庭芝 57 岁。

宁死荒外毋得降清的李定国

> 老当益壮，宁知白首之心；穷且益坚，不坠青云之志。
>
> ——王勃

李定国，字鸿远，陕西延安人。生于 1621 年，死于 1662 年。他是明末农民起义领袖张献忠手下的一员名将，是张献忠 4 个义子中的老二，张献忠在西充牺牲之后，留下五六万起义军由孙可望、李定国率领，南下贵州、云南。清军南侵，大敌当前，阶级矛盾相对缓和了，民族矛盾上升为主要矛盾。他们派人向永历帝建议，愿意联合抗清。这对于朝不保夕、岌岌可危的永历政权来说，当然是求之不得的好事。他只好依靠大西军，并封孙可望为秦王。然而孙可望别有用心，他妄想把永历帝控制在手里，作福作威，独断专行，并不热心于抗清之事。

李定国转战云南、贵州、广西、湖南，连下数十城，立下累累战功，永历帝封他为西宁王。这一切引起了孙可望的妒忌。他假意邀请李定国商量事，想暗害李定国。李定国察觉了他的意图，只好带兵离开湖南，回到云南。孙可望想提高自己的威望，也领兵到湖南进攻清军，结果却打了大败仗，孙可望野心勃勃，想逼迫永历帝让位，由自己篡权。他知道要实现这个目标，必须除掉李定国这个障碍。1657年，他率兵14万进攻云南的李定国。自古以来，挑动内战都是不得人心的。孙可望手下的将士们，都恨透了他的分裂活动。双方一经交战，孙可望的将士们就纷纷自动倒戈，投向李定国一边。孙可望的军队迅速瓦解，他狼狈逃回贵阳，又遭到贵阳守将冯双礼的反对。他走投无路，就跑到湖南向经略洪承畴乞降。

永历政权经过孙可望的叛乱，力量大大削弱。公元1658年，清朝大将军罗讬自湖南、吴三桂自四川、卓布泰自广西，分三路大举进攻贵州，李定国也分兵三路进行阻击。然而寡不敌众，士气也大不如前，战事接连失利，不得不退回云南。李定国护卫着永历帝逃到永昌。

1659年，清军进入云南。李定国派靳统武护卫永历帝逃往腾越。清军攻克永昌，横渡潞江，攀登磨盘山。李定国派部将窦民望、高文贵、王玺分兵设伏等待清军到来。清军进入埋伏圈，并向李定国的阵地发炮。于是伏兵四起，与清兵展开了肉搏，双方死伤惨重。窦民望被炮弹击穿肋下，血流如注，还持刀拼命厮杀，最后终于倒下。王玺也战死在阵地上。李定国在山巅指挥战斗，炮弹就坠落在他面前，掀起的泥土、石块将他全身覆盖。他从土堆里爬出来，指挥军队撤退。部队还未退到腾越，惊慌失措的永历帝已由几个亲信官员陪同，逃往缅甸去了。

李定国在云南和缅甸边界收集残部，打击清军，准备恢复。永历帝逃往缅甸，被缅甸软禁了起来。李定国与清军且战且走，最后也退入缅甸。他13次要求缅甸归还永历帝，都未得到满意的答复。他想用武力夺回永历帝，因为人地两疏，也未能如愿。1661年12月，吴三桂带领清兵10万开进缅甸，逼缅甸交出了永历帝和太子后妃。清兵把他们押到昆明杀害了。李定国本想约请暹罗(今泰国)出兵进攻缅甸，夺回永历帝。当听到永历帝被害的消息，他忧愤万分，终于病死军中。临死时他对自己的儿子和部将说："宁死荒外，毋得降清。"

不投降不弃城的史可法

臣心一片磁针石，不指南方不肯休。

——文天祥

史可法是一位著名的抗清将领。他在明朝末年清军大举入侵之际，率领扬州军民奋起抵抗，城破被俘，壮烈殉国，直到今天，扬州一带还流传着许多关于史可法抗清的故事。

公元 1644 年，明朝镇守山海关的总兵吴三桂投降了清朝。他带领清军进入山海关，占领了北京，许多明朝大臣都到街上排队迎接清军。一些没有投降的人逃到南京，拥戴一个叫朱由崧的皇亲做皇帝，建立起南明政权。南明大臣中，史可法的威望最高，朱由崧就任命他为兵部尚书，派他镇守扬州，抵抗清军。

史可法一心想打退清军，恢复大明江山。他到扬州以后，同士兵同甘共苦。士兵没吃饱，他决不先吃饭，士兵没添衣，他也决不先多加一件衣服。他教育士兵要提高警惕，防备敌人来偷袭。他自己也以身作则，整天住在军营里不回家，甚至连夜里睡觉也不脱铠甲。他还设立了“礼贤馆”，专门接待从四面八方来投奔的人士。可是那时候在南明政府里，像史可法这样忠心为国的人太少了，大多数人都是整天花天酒地地享乐，谁也不去考虑国家的命运。史可法的心血都白费了。

公元 1645 年，清豫王多铎统率大军渡过黄河，向南明大举进攻。史可法得到报告，立刻发出告急文书，要各地派兵救援扬州，可是左等右等，也没见到一个援兵的影子，他只好横下一条心，决定死守扬州。

不久，清军到了扬州城下。多铎打听到守城的主将是史可法，就写了一封劝降信，让明朝降将李遇春拿着去见史可法。可是李遇春还没走到城墙跟前，就被城上一阵乱箭给射回来了。多铎以为李遇春没把话说明白，又派了一个使者去劝降。史可法叫人把那个使者绑起来，扔到了护城河里。后来多铎又一连给史可法写了 5 封劝降信，史可法连信封都没拆开，就给烧了。多铎气坏了，立刻指挥大军，把扬州城里三层外三层包围起来。史可法知道一场残酷的大战就要开始了。他把全体将士集合起来，说：“扬州是南京唯一的屏障，如果扬州失守，南京就很难保住，我决心死守扬州。”他从坚守扬州的重要性说到国家面临的危急形势，从国家的危急形势说到古代仁人志士为国家前赴后继慷慨捐躯的动人事迹，说到激动时，忍不住放声大哭，哭得连血都从眼睛里流出来，把身上的战袍染红了。将士们没有不感动的，都举着兵器说：“史大人放心，我们愿与扬州共存亡!”

第二天,清军开始发动进攻。多铎专门调来红衣大炮,对着城墙猛轰,把城墙打破了好几处。史可法指挥扬州军民,英勇抵抗,用沙袋堵住城墙缺口,一直激战到晚上,才把清军打退。

史可法知道扬州迟早要被打破,就对几个心腹将士说:“我已经下了决心,扬州被攻破之日,就是我史可法杀身报国之时,哪一位将军愿意到时候助我一臂之力?”将士们都拿袖子擦眼睛,难过地说不出话来。末了有一个叫史德威的副将说:“末将愿助大人一臂之力。”史可法听了非常高兴,就说:“我没有儿女,从今以后,你就是我的义子。”

清军一连攻了3天,都没有攻下扬州。到了第四天,多铎又调来许多红衣大炮,集中起来轰击扬州城的西北角,把城墙轰塌了,大批清军就从这个口子像蝗虫一般地拥进城里。扬州城终于失守了。

史可法见城已被攻破,立刻拔出宝剑要自杀,身边的几个将士扑上去抱住他的胳膊,不让他下手,急得他放声大喊:“德威在哪里?快来帮我一把!”史德威在一旁直淌眼泪,怎么也下不了手。将士们就保护着史可法往外冲,没想到正好遇到一大队清军人马,所有的将士都战死了。有的清兵还想拿刀往没有断气的明军将士身上砍,史可法大喊一声:“住手!我是史可法!”他的两眼射出两道光芒,把清军们都吓了一大跳。他们立刻围住他,带他去见多铎。

多铎说:“史先生,我过去给你写了许多信,你都没有回音,现在你落到我的手里,是不是可以回心转意了呢?”史可法瞪着眼睛说:“我身为大明的臣子,绝不会贪生怕死,干背叛国家的事情,你要杀就杀,不用废话。”多铎很钦佩史可法的忠肝义胆,又说:“你对明朝已经尽了忠心,我们大清也很敬佩先生的为人,只要你归顺我们……”没等他把话说完,史可法就斩钉截铁地说道:“我早已决心同扬州共存亡,今天扬州既然已经被你们打破了,我只求一死,决不会投降你们。”多铎叹了口气,说:“可惜明朝像你这样的忠臣太少了,今天我就成全你的心愿吧。”

史可法就这样被清军杀害了。

史可法死后不久,史德威悄悄回到扬州寻找他的遗体。可是扬州城经过清军大屠杀,大街小巷横七竖八的全是死人,加上天气炎热,许多尸体已经腐烂得辨认不出面目来。史德威怎么也找不到史可法的遗体,只好把史可法生前穿过的袍子和用过的朝板带回去,埋葬在扬州城外的梅花岭上,这就是扬州城外有名的史可法衣冠冢。直到今天,人们还经常怀着景仰的心情,到这里来凭吊、追念这位300年前至死不屈的爱国英雄。

坚守爱国情操的夏完淳

以身许国,何事不敢为?

——岳飞

夏完淳,(1631～1647)原名复,字存古,号小隐、灵首(一作灵胥),乳名端哥,南明诗人,爱国志士和文学家,汉族,明末少年抗清英雄,著名诗人。生于公元1631年(明思宗崇祯四年),卒于公元1647年(清世祖顺治四年)。

弘光政权瓦解以后,东南沿海一带的抗清力量继续战斗。1645年6月,明朝官员黄道周、郑子龙在福州另立明朝宗室、唐王朱聿键(聿音 yù)即位,历史上称为隆武帝。另一部分官员张国维、张煌言在绍兴拥戴鲁王朱以海监国。这样,就同时出现了两个南明政权。

为了对付抗清力量,清朝廷派了在松山战役中投降清朝的洪承畴总督军事,招抚江南。

这时候,在松江(今上海市)有一批读书人也在酝酿抗清,领头的是夏允彝(音 yí)和陈子龙。夏允彝有个年才15岁的儿子叫夏完淳(音 chún),又是陈子龙的学生。夏完淳自小就读了不少书籍,能诗善文,在他的父亲、老师影响下,也参加了抗清斗争。

靠几个读书人要组织义军是不行的。夏允彝有个学生吴志葵,是吴淞总兵,手下还有一些兵力。他们说服吴志葵一起抗清。吴志葵答应了,派出一支人马担任先锋队攻打苏州。一开始打得挺顺利,先锋队攻进了苏州城,但是吴志葵临阵犹豫,没有及时增援,结果进城的义军被围牺牲,吴志葵的主力在城外也被击败。

不久,清军围攻松江,夏允彝父子和陈子龙冲出清兵包围,到乡下隐蔽起来。清兵到处搜捕,还想引诱夏允彝出来自首。夏允彝不愿落在清兵手里,投到河塘里自杀。他留下遗嘱,要夏完淳继承他的抗清遗志。

父亲的牺牲引起夏完淳万分悲痛,也激起他对清朝的仇恨。他和陈子龙秘密回到松江,准备再组织起义军。这时候,他们打听到太湖长白荡有一支由吴易领导的抗清义军,正在重整旗鼓。夏完淳把家产全变卖了,捐献给义军做军饷,在吴易手下当了参谋。他还写了一道奏章,派人到绍兴送给鲁王,请鲁王坚持抗清。鲁王听说上书的是个少年,十分赞赏,封给夏完淳一个中书舍人的官衔。吴易的水军在太湖边出没,把清军打得晕头转向。但是后来由于叛徒的出卖,义军失败,吴易也牺牲了。

过了一年,陈子龙又秘密策动清朝的松江提督吴胜兆反清,这次兵变不幸又失败了,吴胜兆被杀害,陈子龙也被清军逮捕。陈子龙不愿受辱,在被押解到南京的船上,挣脱绳索,跳河自杀。夏完淳正在为失去他的老师而悲痛，因为叛徒告密，他自己也被捕了。清军派重兵把他押到南京。

夏完淳在监狱里被关押了80天。他给他亲友写了许多可歌可泣的诗篇和书信。死亡的威胁并没有使他恐惧，他感到伤心的就是没有实现他保卫民族、恢复中原的壮志。对夏完淳的审讯开始了，主持审讯的正是招抚江南的洪承畴。洪承畴知道夏完淳是江南出名的“神童”，想用软化的手段使夏完淳屈服。他问夏完淳说：“听说你给鲁王写过奏章，有这事吗？”夏完淳昂着头回答：“正是我的手笔。”洪承畴装出一副温和的神气说：“我看你小小年纪，未必会起兵造反，想必是受人指使。只要你肯回头归顺大清，我给你官做。”夏完淳假装不知道上面坐的是洪承畴，厉声说：“我听说我朝有个洪亨九（洪承畴的字）先生，是个豪杰人物，当年松山一战，他以身殉国，震惊中外。我钦佩他的忠烈。我年纪虽然小，但是杀身报国，怎能落在他的后面。”这番话把洪承畴说得啼笑皆非，满头是汗。旁边的兵士以为夏完淳真的不认识洪承畴，提醒他说：“别胡说，上面坐的就是洪大人。”夏完淳“呸”了一声说：“洪先生为国牺牲，天下人谁不知道。崇祯帝曾经亲自设祭，满朝官员为他痛哭哀悼。你们这些叛徒，怎敢冒充先烈，污辱忠魂！”说完，他指着洪承畴骂个不停。洪承畴被骂得脸色像死灰一样，不敢再审问下去，一拍惊堂木，喝令兵士把夏完淳拉出去。

公元1647年9月，这位年才17岁的少年英雄在南京西市被害。他的朋友把他的尸体运回松江，葬在他父亲的墓旁。到现在，在松江城西，还留着夏允彝、夏完淳英雄父子的合墓。

爱憎分明不卖国求荣的齐白石

> 丹青不知老将至，富贵于我如浮云。
>
> ——杜甫

齐白石（1864—1957），原名齐纯芝，号渭清，祖父取号兰亭，老师取名齐璜，号濒生，别号寄萍老人、白石山人，后人常将“山人”二字略去，故后常号“白石”。是当代中国著名的中国国画画家，齐白石也和张大千并称“南张北齐”。

齐白石老人生前爱憎分明，痛恨日本军阀，痛恨汉奸、特务。1937年“七·七”事变后，他在门口贴出一张“告白”，上书：“从来官不入民家。官入民家，主人不利。谨此告知，恕不接见。”以此拒绝卖画给敌人，拒绝与他们打交道。

老人还常常借诗画影射咒骂敌人。他曾画了一幅“群鼠图”，在画上题诗道：“群鼠群鼠，何多如许？何闹如许？既啮我果，又剥我黍。烛灯残天欲曙，严冬已换五更鼓。”严厉尖锐地揭露并鞭挞了日寇“群鼠”对我国的侵略罪行。

抗日战争时期，沦陷区许多无耻文人对于日本侵略者高官厚禄的利诱，趋之若鹜，甚至感恩戴德，甘为走狗。当时周作人等汉奸文人将民族大义置之脑后，丧失了国格、人格，纷纷粉墨登场，出任伪职。而齐白石、张大千、李苦禅、溥儒等爱国画家在极其险恶的环境中，仍然保持着自己的民族气节和人格的尊严，对日本侵略者和汉奸等民族败类横眉冷对，拒绝出任伪职，不畏强暴，甚至冒着生命危险，以各种方式进行斗争。

齐白石在北京沦陷后，毅然辞去受敌伪控制的北平艺专的教授职务。一些敌伪头目，时常找齐白石索要字画，作为一个有爱国心的画家，怎能甘心听从那些恶人的使唤？他在大门上贴了“画不卖与官家，窃恐不祥”，“白石老人心病发作，停止见客”等字条。有人为他担心，更有人劝他明哲保身，不要触犯敌伪政权的人。但齐白石无所畏惧，他宁可挨饿受冻，也决不去取媚于那些强盗。他在诗中写道：“寿高不死羞为贼，不丑长安作饿饕”，显露出他不屈不挠的民族气节。

一天，日本控制下的北平伪机关，派人把齐白石接去，强迫他宣传所谓“中日共荣”，宣传日本人的强盗理论。齐白石坚决拒绝，宁死不答应，因而被恼羞成怒的敌人扣留了 3 天，后来还是被人保释回家。他到家后愤然挥笔写下“子子孙孙不得做日本官”的誓言，表示自己抗拒到底的决心。当时日本侵略军驻华北地区的头目曾多次派人到齐白石家，诱劝他到日本去，加入日本国籍。齐白石断然拒绝：“齐璜中国人，不去日本。你们要齐璜，可把齐璜的头拿去。”

伪华北政务委员会委员长王克敏派人将齐白石在银行的存款全部没收，威逼齐白石为他作画。齐白石义愤难平，于是提笔泼墨，挥毫作画一幅，亲自加封，找人送至王宅。恰好当天王克敏在家举办宴会，敌伪华北头面人物聚集一堂。王克敏以为齐白石“就范”，送画祝贺，喜出望外，当众将画打开。原来所画的是一张《群鼠图》，上题词：“群鼠群鼠，何多如许？何闹如许？既啮我果，又剥我黍，烛炮灯残天欲曙，寒冬已换五更鼓。”观者目瞪口呆，王克敏羞恼得说不出话来。

这个时期，齐白石的螃蟹画很多，朋友见他这样，担心敌人借故寻事，劝他多加注意。齐白石不以为然：“我残年遭乱，留一条老命，还有什么可怕的呢？”他依然这样画下去，进行着自己特殊的斗争。

齐白石在北平所表现出的民族气节，赢得了人们的赞誉。抗战胜利后不久的 1946 年 1 月，齐白石画展在重庆举办，展出了 100 余幅精致的作品。《新华日报》发表专文对齐白石的画艺和人格作了高度评价：“白石先生不仅在画技上有超人之处，以先生的品格来说，北平陷敌后，在那里住了八年，未作一画，并拒绝了敌伪的教授之聘，这种高尚的节操，实为艺林生光。”

人们常说：“画如其人。”很难想象，一个没有国格、人格、奴颜婢膝的艺术家，其作品会受到人们的喜爱。齐白石等画家之所以创作出令人瞩目的艺术精品，是与其高尚的人格分不开的，是与其爱国主义精神密不可分的。他们的作品被人们所喜欢，他们高尚的人格和崇高的民族气节更为人们欣赏、传颂。

贤母为国捐躯饿死不劝降

> 是非久自见，不可掩也。
>
> ——《晋书》

马本斋（1901—1944），原名马守清，经名尤素夫·马本斋，回族，是河北献县人。抗日战争时期八路军冀中军区回民支队的创建人，是我国著名的抗日民族英雄。

1925 年，马本斋投奔东北军张宗昌部下当了兵。由天他吃苦耐劳，文武兼备，3 年后就被擢升为团长。

可是，当了团长后，他的思想却起了很大变化。他亲眼看到这支军队并不是为穷苦百姓的，总是借口“剿匪”残害百姓。他几次请战，也不为上峰批准。他感到心灰意冷，报国无门。于是，毅然辞去军职，解甲归田。辞职前，他写了一首诗，表明自己的心志：

风云多变山河愁，雁叫霜天又一秋。

空有满腹男儿志，不尽沧浪付东流。

1921 年秋，马本斋回到家乡东辛庄，重操农活。母亲白文冠很理解、支持儿子的义举，说道：“解甲归田是好事，咱不能做对不起老百姓的事。”

1937 年卢沟桥事变后，抗日战争全面爆发。战火很快蔓延，次年年初，日寇就进了东辛庄。在一片火海中，白文冠的大儿子马守朋和一些乡亲们惨遭日寇枪杀！

白文冠和马本斋愤怒了！

白文冠望着倒在血泊中的大儿子和乡亲们，把马本斋叫到跟前。厉声说：“本斋，咱回族有句话：‘对恶狗用棍子，对强盗用刀子’。咱这人命绝不能白搭！你当过兵，打过仗，你现在就去拉队伍，打鬼子，为娘、为乡亲们报仇！”

“娘！本斋明白，咱跟鬼子汉奸誓不两立！”马本斋义愤填膺，当即拿出他珍藏多年的从东北军带回的二十响匣子枪，找到村里一些乡亲们，说道：“乡亲们，你们怕不怕死？”

乡亲们素来敬佩“马团长”，齐声答道：“本斋，你就说怎么干吧，我们听您的指挥！”

“好！抄家伙，拉队伍，不杀尽鬼

子，决不罢休！”马本斋截铁地吼道。

当晚，凉风习习，树影婆娑，月光如泻，流星闪烁。在东辛庄马家院子的大椿树下，围坐着十几个回族热血男儿。他们一会儿慷慨激昂，一会儿低首沉思，在商议着怎样拉队伍抗日。白文冠特地买了 2 斤烧酒，3 斤花生米，招待大伙边饮边谈。经过一番商议，决定组织“回民义勇队”，大伙一致推举马本斋担任义勇队队长。

1938 年 8 月 30 日这一天，回民第一支抗日武装——回民义勇队，在东辛庄清真寺前正式成立了！义勇队员们手持大刀、长矛，肩扛土枪、钢叉，在马本斋率领下，跪在地上向真主起誓：国难当头，日寇杀我父老乡亲，穆斯林大义大勇，要讨还血债，报仇雪恨，死而无怨！

就这样，一支 60 余人的回民抗日武装，在华北平原上揭竿而起！

为了支持抗日大业，白文冠走东串西，四处奔波，组织村里 30 多个妇女，为义勇队员洗衣、做饭、烧饭，慰问照料伤病员。在她的影响下，东辛庄的乡亲们全都投入了抗日的铁流。

1938 年春，马本斋通过八路军河北游击军令员孟庆山介绍，加入了中国共产党领导下的冀中军区“回民干部教导总队”，并担任总队长。是年秋，马本斋光荣加入中国共产党。他激动地握住入党介绍人的手说：“今天，才是我马本斋真正的生日！”

1939 年 7 月，经中共中央军委批准，马本斋出任回民支队司令员。他举起铁拳，在队旗下带领大家庄严宣誓：“头可断，血可流，不灭日寇，誓不罢休！”

在马本斋的率领下，回民支队英勇善战，游若蛟龙，转战华北，屡建奇功。他们活动在敌人的心脏地区，经历大小战斗 800 余次，歼灭日伪军 3 万余人，被八路军冀中军区誉为“拖不垮、打不烂，攻无不克的铁军”。

马本斋的铁军，被日寇视为眼中钉，欲拔之而后快。

一条阴险的毒计被炮制出来了：日寇、汉奸决定利用马本斋的母子之情，扣押白文冠为人质，副迫马本斋投降。

1941 年 8 月的一天，阴霾满天，刀光闪闪。日寇山本联队 500 余人突然包围了东辛庄。为了掩护白文冠，马维良等 3 位回族青年不幸被杀害。敌人没有抓到白文冠，把乡亲们统统押到清真寺大殿关，一个个审讯，迫问白文冠的去向。

当时，白文冠就在群众里面。乡亲们以无比的忠贞，保护着德高望重的白文冠，维护着神圣的民族气节！

汉奸又拖出汉族农民王兆喜，用滚烫的开水往他头上浇。王兆喜仍守口如瓶，回答说：“马老太太跟本斋的队伍去了！”

敌人恼羞成怒，继续毒打王兆喜。

“住手！”为了保护乡亲们，白文冠从人群中冲出，指着汉奸崔春久骂道：

"好狗要把三邻护，义马救主世人传。你这个禽兽不如的汉奸，我白文冠死了，也要扒了你的皮！"

敌人惊呆了，赶紧押着白文冠，撤兵而去。她转身向乡亲们大声喊道："告诉我儿子，狠狠打鬼子！……"

马本斋是有名的孝子，闻讯后心焦如焚。这时，敌人又送来劝降信，信上说："马本斋，你若是个孝子，就该为你那风烛残年的老母亲想想，你怎么能见死不救呢？……"马本斋阅信后，肺都气炸了。但他很快识破这是敌人企图引他轻率出兵的阴谋。

支队郭政委了解马本斋。他望着这个血性汉子，深沉地说："司令员，不要难过。山本这一招，只不过是黔驴技穷罢了。古今中外兵戎交战中，凡使用这种卑劣手段的，往往不得人心，失败最惨！"马本斋听后，频频点头。

战士们闻讯，都纷纷前来请战，要求前去营救马老太太。马本斋坚定、冷静地对大伙说："同志们，我的好兄弟！我娘被鬼子抓走，我心里比刀割还难受。可是，在这民族存亡的关头，还有什么比抗日大业更重要的呢？共产党人决不能被母子之情蒙住眼睛，上敌人的圈套。我母亲即或被鬼子杀害，也是为民族而死，她老人家虽死犹生，重如泰山！"

马本斋和回民支队，始终没有轻举妄动。

白文冠自被敌人关押后，就开始绝食。她不吃一口饭，不喝一口水。敌人多次摆上丰盛的饭菜、点心和水果，她不为所动。随后，日军伍长就将几天没吃饭的白文冠送到伪县长、汉奸孙蓉国家里，让人"开导"，结果仍是一无所获。

敌人一计不成，又生一计。他们采取"以回治回"的办法，把白文冠送到回民佟万成家里，企图利用亲戚关系"规劝"白文冠给儿子写信，白文冠仍不为所动。

当时，白文冠已经绝食 7 天了！

这一天，日军山本队长亲自出马，带上叛徒哈少甫，来到白文冠住地。白文冠一见哈少甫，怒从心起，骂道："你这个畜生！出卖祖宗，出卖国家，你不配跟我说话，滚！"

哈少甫羞愧而退。山本见状，立即拔出手枪，往桌上一拍："马老太，你今天不写信，我就打死你！"

白文冠听后，冷笑一声，挣扎着坐靠在床上，坚定地说："来吧，朝这儿打！"在这位绝食 7 天、英勇不屈的中国母亲面前，山本狼狈不堪，恼羞成怒，他凶相毕露，以吼叫来掩饰他的失败。

白文冠怒视着山本，理了理了白发，突然摘下手腕上的玉镯，奋力向山本砸去。突然，她一阵猛咳，吐出两团血块，昏倒在地。

白玉镯碎了！

为了中华民族的尊严，为了儿子的革命事业，英雄母亲献出了自己的生命。

白文冠牺牲后，马本斋悲痛万分，挥泪赋诗，哀悼母亲：

宁为玉碎洁无瑕，烽火辉映丹心花。

贤母魂归浩气在，岂容日寇践中华！

为求变法以身殉义的谭嗣同

> 我自横刀向天笑，去留肝胆两昆仑。
>
> ——谭嗣同

谭嗣同（1865～1898），字复生，号壮飞，又号华相众生、东海褰冥氏、廖天一阁主等。汉族，湖南浏阳人，清末巡抚谭继洵之子，出生于甘肃武威。善文章，好任侠，长于剑术。著名维新派人物。1898 年参加戊戌变法，变法失败后，于 1898 年 9 月 28 日在北京宣武门外的菜市口刑场英勇就义。同时被害的维新人士还有林旭、杨深秀、刘光第、杨锐、康广仁。6 人并称“戊戌六君子”。

戊戌变法失败后，维新派的骨干纷纷避难，谭嗣同却不逃也不躲，反而准备劫狱救出光绪皇帝，由于看守太严，才未动手。有人劝谭嗣同赶快出逃，嗣同坚决不同意。

后来，日本使馆派人和谭嗣同联系，表示对他“可以设法保护”。他却慨然说道：“大丈夫不作则已，做事则磊磊落落，一死何足惜！且外国变法，未有不流血者，中国变法流血者，请自谭嗣同始。”结果，他和康广仁、林旭、杨锐、刘光第几位变法骨干相继被捕。

他的好友设法来到狱中，再次希望谭嗣同逃生。谭嗣同在狱壁上挥笔写下一首壮歌：“望门投止思张俭，忍死须臾待杜根，我自横刀向天笑，去留肝胆两昆仑。”抱定以身殉义的决心。

临刑的时候，他慷慨陈词：“有心杀贼，无力回天，死得其所，快哉！快哉！”

怒斥侵略者断指写血书的徐特立

> 公道自在人心，是非必有正论。
>
> ——郁达夫

徐特立（1877～1968），原名懋恂，字师陶，中国革命家和教育家，湖南善化（今长沙县江背镇）人，毛泽东和田汉等著名人士的老师。

徐特立“一生都是教书”，他自身的革命精神、高尚的情操和优秀品质被人们喻为“没有字的教科书”，教育和激励着一代又一代的青年学生。

作为毛泽东的老师，他受到了中国民众普遍的尊敬。毛泽东对他的评价很高，曾在给他的一封信中说：“你是我20年前的先生，你现在仍然是我的先生，你将来必定还是我的先生。当革命失败的时候，许多共产党员离开了共产党，有些甚至跑到敌人那边去了，你却在1927年秋天加入共产党，而且取的态度是十分积极的。从那时至今长期的艰苦斗争中，你比许多青年壮年党员还要积极，还要不怕困难，还要虚心学习新的东西。什么老"，什么身体精神不行，什么困难障碍"，在你面前都降服了。"

徐特立断指血书的故事是一本最感人的爱国主义教科书。1906年，他在周南女校教书，有机会阅读了《民报》、《猛回头》、《新湖南潮》等革命刊物，思想上发生了变化，积极从事革命活动，并指引学生关心国家和民族的命运。1909年的夏天，他应约在修业学校作时事报告。他痛斥了帝国主义在中国无所不至的侵略，列举了一桩桩传教士毒害中国人民的惨案，他越讲越愤怒，慷慨激昂，声泪俱下。忽然，他跳下讲台，跑到厨房取出一把菜刀，当众砍下自己左手的一节手指。他用鲜血写下了："驱逐鞑虏，恢复中华"8个大字，表示对帝国主义的愤恨和雪耻的决心。因为流血不止，他晕倒了。事后，省内外许多报纸都以显著位置报道了这一消息，徐特立的爱国壮举教育了各界人士，激发了许许多多教师和学生的爱国热情。

以身殉国不低头的张煌言

常思奋不顾身，而殉国家之急。

——司马迁

1645年夏，清军进占南京，分兵进攻江、浙一带。所到之处，疯狂地烧杀抢掠，激起了各地人民的强烈反抗。闰6月12日，宁波爱国士绅钱肃乐在城隍庙召开绅士大会，动员人们武装起义，抵抗清军。这一天，年仅26岁的举人张煌言第一个到会，在集会上他慷慨陈词，坚决主张武装抗清。从此，开始了他长达19年的抗清斗争生涯。

1662年4月南明永历帝在昆明被吴三桂杀害。5月，在台湾的抗清民族英雄郑成功病死。次年11月，鲁王又死于金门。抗清斗争局势每况愈下，浙东一隅只剩张煌言独力支撑。满清为了消灭浙东最后一支抗清武装，一面发动军事进攻；一面采取迁界政策，强迫沿海居民迁往内地，严禁渔船、商船出海，割断义师与沿海居民的联系。在这种形势下，张煌言为了保存实力，不得已于1664年6月遣散义师，隐居在舟山附近的悬岙岛上。悬岙岛荒凉偏僻，没有居民。张煌言和几个随从造了几间茅屋，居住下来。

他置棺室内，悬剑帐边，嘱咐部下：万一清兵前来搜捕，他就拔剑自刎，以身殉国，并要部下随即将他的尸身殓棺埋葬，以免落入清兵手中。张煌言暂时销声匿迹，使满清官吏如芒在背。清廷下令悬赏通缉张煌言。

一日，张煌言派人到舟山买米。那人被清兵捉住，经不起严刑拷打，供出了张煌言居住的地方。张煌言在岛上养有一只白猿，能在10里海内看清来往船只，遇上陌生的，就长啸报警。清兵便在一个伸手不见五指的黑夜，悄悄包围悬岙岛。待张煌言发觉，正欲拔剑自刎，不料被床帐裹住，以致身陷敌手。

张煌言被押解回宁波时，头戴方巾，神态自若。乡亲父老见之无不伤心落泪。浙江提督张杰劝他投降，张煌言斩钉截铁地回答："父死不能葬，国亡不能救，今日但求一死而已！"张杰见诱降无效，奉浙江总督赵廷臣之命，将张煌言押送杭州。解省那天，宁波成千上万百姓拥上街头饮泣告别，许多人摆上香案跪地送行。张煌言穿着宽衣博袖的明朝衣冠，走下囚轿，稳步来到江边。上船前，他撩袍下跪，撮土为香，朝镇海方向拜了四拜，祝祷道："大明兵部尚书孤臣张煌言辞别故里。"祝完，站起身来，向送行的百姓跪了下去，说道："煌言向父老乡亲们告辞了。"说完，叩头拜了四拜。顿时，人群中一片哭声。在船上，一天半夜，有个看守他的差役忽然低声唱起"苏武牧羊"的歌曲来，张煌言情不自禁扣舷和唱，并对差役说："你也是一个有心人啊！我已决心以死报国，请你放心吧！"张煌言被押到杭州，赵廷臣假惺惺地以礼相待，并唆使一些人来劝张煌言投降，张煌言在囚牢的墙壁上愤怒地写下了《放歌》一诗，以表明自己誓死不投降的决心和意志。1664年9月7日，张煌言被押到刑场，望着钱塘江上的两岸青山，痛惜道："大好河山，竟使沾染腥膻！"于是向监斩的书吏索纸笔，写下绝命诗一首："我年适五九（即45岁），复逢九月七。大厦已不支，成仁万事毕。"然后端坐在地上英勇就义。

明辨是非　心怀祖国

MING BIAN SHI FEI　XIN HUAI ZU GUO

顾炎武天下兴亡匹夫有责

> 善观人者，观其所言而已矣。
>
> ——（清）章学诚

顾炎武（1613～1682）汉族，苏州府昆山县（今江苏昆山）人，原名绛，字忠清。明亡后改名炎武，字宁人，亦自署蒋山佣。尊称为亭林先生。明末清初著名的思想家、史学家、语言学家。曾参加抗清斗争，后来致力于学术研究。晚年侧重经学的考证，考订古音，分古韵为10部。著有《日知录》、《音学五书》等，他是清代古韵学的开山祖，成果累累；他对切韵学也有贡献，但不如他对古韵学贡献多。

顾炎武学术的最大特色，是一反宋明理学的唯心主义的玄学，而强调客观的调查研究，开一代之新风，提出“君子为学，以明道也，以救世也。徒以诗文而已，所谓雕虫篆刻，亦何益哉？”

顾亭林强调做学问必须先立人格：“礼义廉耻，是谓四维”，提倡“天下兴亡，匹夫有责”。《日知录》卷十三《正始》：“保天下者，匹夫之贱，与有责焉耳矣。”

自从平定三藩之乱以后，清王朝在中国的统治稳定下来了。但是，还有一点叫康熙帝不大放心，这就是怕有些明朝留下来的文人心里不服。于是，他采用一个办法：开“博学鸿词科”，命令各地官员和朝廷大臣，把有学问的文人推荐给朝廷，马上封他做官。这一招果然很灵，不少全国著名的学者、文人应召到京城，做起官来了。但是也有一些学者认为，他们是明朝的臣民，到清朝做官是丧失气节的事。他们宁愿冒杀头的危险，也不肯应召。其中有一个是著名的思想家顾炎武，有人想推荐他应博学鸿词科，他写信回答说：“我这个70岁的老翁还巴望个什么？欠缺的就是一死，如果一定要逼我应召，我只能一死了事。”

顾炎武是江苏昆山人，出身江南大族，他的祖父是个很有见识的人，认为读书一定要研究实际。顾炎武受祖父影响，从小喜欢读《资治通鉴》、《史记》和孙吴兵法等书，十分关心时事。后来参加科举，没有考中，就干脆下决心放弃科举，通读历代历史典籍，研究全国各地的地方志和历代名人奏章，开始编写一本重要的历史地理著作《天下郡国利病书》。

正当他用心治学的时候，明朝灭亡，清兵南下，江南各地人民都组织抗清斗争，顾炎武和他的两位好友也参加了保卫昆山的战斗。昆山军民跟清军激战 21 天后，因为兵力悬殊，终于失败。昆山城陷落的时候，顾炎武的生母被清兵砍断了右臂；抚养他成长的婶母（也是他的继母），听到清兵攻破常熟，就绝食自杀，临死时嘱咐顾炎武说："我虽然是个女子，以身殉国也是理所应当的。希望你不要做清朝的臣子，我死后也可以闭上眼睛了。"

顾炎武痛哭一场，葬了他的继母，离开了他的家乡。他想渡海去投奔鲁王，还没有去成，鲁王政权已经覆灭了。顾炎武隐姓改名，在长江南北一带奔走，想组织一支抗清义军，但毕竟势孤力单，没能成功。

当时，沿海和太湖一带还有零星的抗清活动，清朝官府防备很严，发现有什么抗清嫌疑的人，就要加上"通海"的罪名，打进监狱。昆山有个官僚地主叶方恒，想吞没顾炎武家的田地，买通顾家的仆人，诬告顾炎武通海。叶方恒还把顾炎武抓起来，私设公堂，逼他自杀。

顾炎武一些朋友为了搭救他，去找在清朝做官的钱谦益帮忙。钱谦益本来是南明弘光政权的礼部尚书，又是个出名的文学家，清兵下江南的时候，他投降了清朝，名声不好。钱谦益表示，只要顾炎武承认是他的学生，他愿意保顾炎武出狱。那位朋友知道顾炎武不肯那样做，就自作主张，假造了一张顾炎武的名帖，送给钱谦益求助。

这件事让顾炎武知道了，直怪那朋友多事，非要把名帖讨还不可。朋友不肯讨还，他索性在大街上贴告白，声明那张名帖是假的，弄得钱谦益十分尴尬。

经过朋友们的奔走，顾炎武才被释放出来。叶方恒还不肯罢休，派人追踪他。有一天，顾炎武在南京太平门外经过，遭到暴徒袭击，头部受了重伤，幸亏有好心人救护，才脱离危险。顾炎武知道，在江南他是待不下去了，决心到北方去游历。顾炎武到北方去，一来想考察各地的地理形势，风俗民情；二来也想找机会结交一些志同道合的朋友，进行抗清活动。他在那长途跋涉的艰苦环境里，并没有放弃学术研究。一路上，他用 2 匹马、4 匹骡子，驮着他的书箱。遇到关塞险要的地方，他就访问当地的退伍老兵，了解那里的风土人情，如果跟他在书本上读到的不一样，就拿出书本核对，这样他的知识就更丰富了。

顾炎武从 45 岁起，用了 20 多年时间，在山东、山西、河北、江南来回奔走，每年差不多有一半时间住在旅店里。他还曾经和朋友一起，在雁北开垦荒地。到了晚年，才在陕西华阴定居下来。

顾炎武从小读书有个习惯，有一点心得就记下来，后来如果发现错误，又随时修改；发现跟古人议论重复的，就删掉。这样日积月累，再加上他从调查访问得到的材料，编成一本涉及政治、经济、史地、文艺等内容极其广泛的书，叫做《日知录》。这书被公认为是极有学术价值的著作。在《日知录》里，他写了一段精辟的话，他认为社会的道德风气败坏，就是亡天下，为了保天下不亡，每一个地位低微的普通人，都应负起责任（原文是“保天下者，匹夫之贱，与有责焉耳矣！”“天下兴亡，匹夫有责”这句名言就是这样来的）。

跟顾炎武同时代的思想家，还有王夫之、黄宗羲，都是参加过抗清斗争，始终不愿应召到清朝做官的。他们在学术上都有很大成就，历史上把他们合称为“清初三先生”。

立志回国不要美金的李四光

> 瞒人之事弗为，害人之心弗存，有益国家之事虽死弗避。
>
> ——吕坤

1889年10月26日，李四光出生在湖北省黄冈县的一个贫苦家庭。

他从小勤奋好学，13岁便以优异的成绩考上省城武昌高等学校。离开家乡坐船去武昌上学时，李四光看见帝国主义军舰在长江里横冲直撞，激起的大浪掀翻了中国的小木船，非常气愤，发誓一定要学造船，造出大军舰，把洋人赶出长江，赶出中国。后来李四光以优异的学习成绩被保送去日本学习造船。可是，造船需要钢铁，钢铁又要矿石做原料。于是，李四光又远渡重洋，去英国考上了伯明翰大学预科学采矿。学了两年后，他想中国地大物博，矿藏一定很丰富。因此，第一重要的是要找到铁矿、煤矿、石油，而要掌握打开地下宝库的钥匙，就得学地质学，于是他进了地质系学习地质，同时还兼学物理系的课程。这期间，他获得了学士、硕士、博士学位。

1948年，李四光接受国际地质学会的邀请来到英国伦敦，在第十八届国际地质学大会上作了《新华夏海之起源》的学术报告，博得与会者的一致赞誉。一天清晨，李四光在报纸上看到一则消息：“12月2日沈阳解放，……”新中国就要诞生了！他激动得热泪盈眶。在剑桥大学中国留学生举行的年会上，他激动地说：“我虽然60岁了，身体一直不好，但我一定要回到祖国去，把自己的余生奉献给新中国！”国民党驻英国大使馆秘书找到李四光，掏出了一张5000美金的支票，说：“你向世界发表个公开声明，否认中华人民共和国。”又威胁说：“你如果不肯，我们将采取必要措施，将你扣留在国外。”李四光听罢气愤至极，当即严厉斥责：“我归国之心能用金钱收买吗？我要回国，不要美金！”李四光冒着被国民党扣留送往台湾的危险，排除万难，终于踏上了祖国的土地，实现了他为祖国效力的愿望。

新中国成立后，李四光对我国的能源、地震、矿产资源等方面都提出了重要的指导性意见，推动了我国地质工作的开展。经过长期的研究和考察，李四光认为不论是海相地层还是陆相地层，只要具备了生油的条件和储油的地质构造，就能找到大油田。李四光的重大贡献之一就是打破了“中国贫油论”的错误论断，为中国人民找到了大油田。

以民族大义为重的高剑父

不患人之不己知，患不知人也。

——《论语·学而篇》

高剑父是中国近现代国画家、美术教育家、岭南画派创始人之一。名仑，字剑父，后以字行。1879 年 10 月 12 日生于广东省番禺县，1951 年 6 月 22 日卒于澳门。

作为著名的国画大师，“岭南画派”的创始人之一的高剑父，早年曾追随孙中山参加辛亥革命，为中国解放事业做出了巨大的贡献，被誉为“革命画家”。

早在“九·一八”事变发生后，高剑父站在人道主义的立场，义正词严地发表《对日本艺术界宣言并告世界》，愤怒地谴责日本军阀暴行，大义凛然地指出：“恃德者昌，恃力者亡”，“多行不义必自毙”，“托尔斯泰有言：‘艺术为一种革命，或征服暴力，创造慈爱世界之工具。’亦曰：‘以艺人之情感感动他人’”，希望日本艺坛泰斗，人类福音“谅不忍坐视万劫不复之战祸复作。因是恳请先生等本美化人生之圭旨，起而联合艺术界及民众团体，一致奋起，大声疾呼，作人道和平之大运动，吁请政府军阀即罢侵华之兵……”。号召全世界有良知的艺术家行动起来与违背人道的法西斯暴行作坚决的斗争。

上海“一·二八”事变后，高剑父画出《淞沪浩劫》——后改为《东战场的烈焰》，把侵略者的滔天罪行暴露在世人面前。画面上表现的是被日军野蛮炮火轰击下出现的烈火冲天、浓烟弥漫、楼屋倒塌、设施俱毁的景象。近景是充塞着碎瓦破砖、断垣残壁，折断焚烧着的电线杆杂乱横倒在地；远景那高大的建筑物，可能就是东方图书馆，在罪恶地轰炸下转瞬成了废墟。画面上没有一个人，都在枪炮袭击下成了新鬼……观画者从这荒凉悲惨的景象中，怎能不勾起对人类文化破坏者无比愤恨呢！

抗日战争爆发后，高剑父移居澳门。过去在日本同盟会时，高剑父、陈树人与汪精卫私交甚笃，一旦汪精卫背叛祖国，投降日本，高剑父、陈树人即以民族大义为重，坚决与之决绝。汪精卫曾多次派人或写信企图拉高剑父落水，但剑父始终加以拒绝，并对人说："此乃大节攸关，虽与汪是故旧深交，至此亦不能不断绝。国难深重，汪精卫已成奸逆，遗臭万年，历史已成定论矣。"高剑父赞陈树人为"时穷节乃见"，并常用陈的话来教育学生，拒绝参加当时落水文人所组织的汉奸团体。在国家民族危亡的时刻，高剑父始终保持着中国人坚定的民族气节，义无反顾地与投靠侵略者、认贼作父的旧时深交一刀两断，不愧是一条硬铮铮的中国汉子、中国画家！

尽忠报国誓死不降的张自忠

> 水不明则腐，镜不明则锢，人不明则堕于云雾。
>
> ——（明）冯梦龙

张自忠（1891～1940），汉族，字荩忱，山东临清人，抗日将领。1911 年在天津法政学堂求学时秘密加入同盟会。1914 年投笔从戎。1917 年入冯玉祥部，历任营长、团长、旅长、师长等职。

1930 年中原大战后，冯玉祥军事集团被瓦解，张自忠所部被蒋介石收编。1931 年后，张自忠曾任第 29 军第 38 师师长、第 59 军军长、第 33 集团军总司令兼第 5 战区右翼兵团司令等职。1937 年，上海、南京相继沦陷后，日本侵略者又把兵锋直指徐州，志在夺取这一战略要地。

1938 年 3 月，日军投入七八万兵力，分两路向徐州东北的台儿庄进发。待至临沂、滕县时，同中国军队发生了激烈的战斗。当时守卫临沂的是庞炳勋的第 3 军团。由于实力过于悬殊，伤亡惨重，庞部急待援军。张自忠奉命调率第 59 军以一昼夜 180 里的速度及时赶来增援。张自忠与庞炳勋原是宿仇，但他以国家、民族利益为重，摈弃个人恩怨，率部与庞部协力作战。敌军在飞机大炮掩护下，配合坦克、装甲车向茶叶山阵地发起进攻。张自忠以"拼死杀敌""报祖国于万一"的决心，与敌激战，反复肉搏。茶叶山下崖头，刘家湖阵地失而复得达三四次，战况极其惨烈。经过数天鏖战，敌军受到重创，节节败退。中国军队相继收复蒙阴、莒县，共歼敌 4000 余人。不久，日军再派坂本旅团向临沂、三官庙发起攻势，妄图有所突破。张自忠和庞炳勋部两军奋力拼杀，经彻夜激战，沉重打击了日军，完全粉碎了其向台儿庄前线增援的战略企图，保证了台儿庄大战的胜利。

1940 年 5 月，日军为了控制长江交通、切断通往重庆运输线，集结 30 万大军发动枣宜会战。当时中国军队的第 33 集团军只有两个团驻守襄河西岸。张自忠作为集团军总司令，本来可以不必亲自率领部队出击作战，但他不顾部下的再三劝阻，坚持由副总司令留守。

5 月 1 日，张自忠亲笔昭告各部队、各将领：“国家到了如此地步，除我等为其死，毫无其他办法。更相信，只要我等能本此决心，我们国家及我五千年历史之民族，决不至亡于区区三岛倭奴之手。为国家民族死之决心，海不清，石不烂，决不半点改变。”张自忠率 2000 多人东渡襄河后，一路奋勇进攻，将日军第 13 师拦腰斩断。日军随后以优势兵力对张自忠所部实施包围夹攻。张自忠毫不畏缩，指挥部队向人数比他们多出一倍半的敌人冲杀 10 多次。日军伤亡惨重。

5 月 15 日，日军 1 万多人分南北两路向张自忠率领的部队实行夹击。激战到 16 日拂晓，张自忠部被迫退入南瓜店十里长山。日军在飞机大炮的掩护下，向中国军队的阵地发起猛攻。一昼夜发动 9 次冲锋。张自忠所部伤亡人员急剧上升，战况空前激烈。

5 月 16 日一天之内，张自忠自晨至午，一直疾呼督战，午时他左臂中弹仍坚持指挥作战。到下午 2 时，张自忠手下只剩下数百官兵，他将自己的卫队悉数调去前方增援，身边只剩下高级参谋张敬和副官马孝堂等 8 人。他掏出笔向战区司令部写下最后近百字的报告，交给马孝堂时说：“我力战而死，自问对国家对民族可告无愧，你们应当努力杀敌，不能辜负我的志向。”稍后，张自忠腰部又被机枪子弹击中，他卧倒在地，浴血奋战最后壮烈牺牲。

张自忠战死后，日本人发现张将军遗体，审认无讹，一起膜拜，用上好木盛殓，并竖木牌，全军向他行礼，甚至在他的遗体运回后方之时，日军收到消息便下令停止空军的空袭一日，避免伤到张自忠的忠骸。可见，张自忠将军在对日抗战所展现的军人武德，连当时崇尚军国主义的日军都为之感动。

蒋介石惊闻张自忠殉国，立即下令第 5 战区不惜任何代价夺回张自忠遗骸。100 多名优秀将士，抢回张将军的尸骨，连夜运往重庆。当灵柩经过宜昌时，全市下半旗，民众前往吊祭者超过 10 万人。灵柩运抵重庆时，蒋介石特亲临迎灵致祭，抚棺痛哭，并手书“英烈千秋”挽匾以资表扬。毛泽东题写了“尽忠报国”的挽词。张自忠殉国时，年仅 49 岁，他的夫人李敏慧女士闻耗悲痛绝食 7 日而死，夫妻 2 人合葬于重庆梅花山麓，后建有张自忠将军陵园和张自忠将军生平事迹陈列馆。周恩来曾亲自写下文章称赞张自忠“其忠义之志，壮烈之气，直可以为中国抗战军人之魂”。

蓄须明志愤然毁画的梅兰芳

操千曲而后晓声，观千剑而后识器。

——刘勰

梅兰芳(1894—1961),京剧表演艺术家,名澜,字畹华,江苏泰州人,长期寓居北京。他出身于梨园世家,8岁学戏,9岁拜吴菱仙为师学青衣,11岁登台。工青衣,兼演刀马旦。后又求教于秦稚芬和胡二庚学花旦。他刻苦学习昆曲、练武功、练功,广泛观摩旦角本工戏和其他各行角色的演出,经过长期的舞台实践,对京剧旦角的唱腔、念白、舞蹈、音乐、服装、化妆等各方面都有所创造发展,形成了自己的艺术风格,世称"梅派"。

1937年8月13日,日军进攻上海,淞沪战事爆发。日寇占领上海不久,得知蜚声世界的京剧第一名旦梅兰芳住在上海,就派人请梅兰芳到电台讲话,让其表示愿为日本人服务。梅兰芳洞察到日本人的阴谋伎俩之后,一边给日本人带回信说,最近要外出演戏,一边携家率团星夜乘船赴港。

梅兰芳来到香港后,深居简出,不愿露面。为了消磨时光,他除练习太极拳、打羽毛球、学英语、看报纸、看新闻外,把主要精力用来画画。家人和剧团人员看到他的作品后十分高兴,都说给他们带来了许多美感和欢乐。

1941年12月下旬,日军侵占香港,梅兰芳苦不堪言,担心日本人会来找他演戏,怎么办?他与妻子商量后,决心采取一项大胆举措:留蓄胡子,罢歌罢舞,不为日本人和汉奸卖国贼演出。

1942年1月,香港的日本驻军司令酒井看到梅兰芳留蓄胡子,惊诧地说:"梅先生,你怎么留起胡子来了?像你这样的大艺术家,怎能退出艺术舞台?"梅兰芳回答说:"我是个唱旦角的,如今年岁大了,扮相也不好看,嗓子也不行了,已经不能再演戏了,这几年我都是在家赋闲习画,颐养天年啊!"酒井十分不悦。过了几天,酒并又派人找到梅兰芳,一定要他登台演出,正巧此时梅兰芳患了严重牙病,半边脸都肿了,酒井获悉后无可奈何,只好作罢。

梅兰芳有一笔演出的收入,在赴港时曾带往香港存入银行。可返回上海不久,日寇统治下的香港将这笔高额存款全部冻结,无法取出。一直靠利息过日子的梅兰芳,家庭生活顿时举步维艰,全家如何生存成了梅兰芳日夜思考的难题。他问夫人怎么办?夫人说:"最近报纸登出了何香凝女士卖画谋生的消息,我们不妨也来学她。发挥你的绘画才能,卖画度日如何?"

于是,夫人研墨,丈夫绘画。不到8天,就画了20多幅鱼、虾、梅、松。当市民看到醒目的"本店出售梅兰芳先生近日画作,欢迎光临"的广告时,争相购买,不到两天,20多幅画就全部卖完。

这件事传出后,许多知名人士提出要为梅兰芳办画展,梅兰芳得知后特别兴奋,为不负众望,他苦战了半个月,画了几十幅作品。然而消息不胫而走,日伪汉奸获知后互相勾结,肆意捣乱,当梅兰芳走进展厅后,发现每幅画上都用大头针别着纸条,分别写有"汪主席订购"、"周副主席订购"……

还有一些写着“送东京展览”。梅兰芳夫妇目睹此景，气得两眼冒火，立即拿起桌上的裁纸刀，刺向一幅幅图画，几分钟内所有的画全部化为碎纸。

梅兰芳义愤填膺的毁画举动，很快传遍整个上海，也很快传向大江南北，各界人士都称赞梅兰芳民族气节凛然，为世人所敬仰。

断了经济来源，梅兰芳的生活自然拮据，他只好挥泪出卖北京的房子，接着又出卖自己多年收集的藏品。尽管这样，后来还是举债度日，向亲友借了一笔钱。有的好友得知他家生活陷入绝境，便解囊相助。老画家叶誉虎提议与他合作，办一个国画展览，突出梅、竹的主题，以扩大社会的影响。

经过 8 个月的苦战，他一个人就画了 170 多幅，题材十分广泛，包括仕女、花卉、松树、梅花等，同叶誉虎的作品一起，于 1945 年春天，在上海成都路中国银行的一所洋房里展出，受到广大参观者的好评。

展览结束后，梅兰芳为了生活，被迫将大部分作品卖掉，所得收入一是还债，二是安排家庭生计，三是资助剧团里生活更困难者。梅兰芳苦涩地回忆着这几年的沧桑历程，忧闷地对朋友说：“一个演员正在表演力旺盛之际，因为抵抗恶劣的社会环境，而蓄须谢绝舞台演出，连嗓子都不敢吊，这种痛苦我无法用语言来形容。我之所以绘画，一半是为了维持生活，一半是借此消遣。否则，我真是要憋死了。”

坚持宣传抗战的唐一禾

是非未明，决不轻下判断。

——陶行知

唐一禾(1905—1944)是湖北武昌人。出生于中医家庭。是中国现代著名的油画家、美术教育家。

他不仅在绘画上有着突出的成就，在抗日救亡运动中，也有着非常勇敢的表现。

唐一禾作为一名油画大师，以绘画为武器，宣传抗战。鼓舞了人民的抗战热情，他创作了油画《武汉警备者》，成功地塑造了保卫祖国大好河山的英勇战士的形象。画上的主要人物是一位全副武装持枪的士兵肖像，背景是阳光明媚的蛇山公园和春游的人们。作者以其出色的构思和生动的艺术语言形象地向人们宣告了这样一个真理：祖国的大好河山、人民的和平生活要用抗日的刀枪来保卫。这幅作品在 1937 年 4 月第二届全国美展上引起了轰动。日本侵略者大为恐慌，其驻武汉领事馆拟高价收购。唐一禾、唐义精兄弟俩以“非卖品”为由，毅然拒绝了他们的请求。

除了这一幅《武汉警备者》，唐一禾还创作了一批反映抗战与人民生活为主题的绘画作品，我们从中可以强烈地感受到他那热爱祖国和人民的真挚的感情。他的油画代表作《胜利与和平》创作于1942年。这幅画的中间是一位优美典雅的胜利女神（或曰和平使者），在她的旁边站着一位手持宝剑的英姿飒爽的游击健儿，砍倒了画幅左下角歪斜着的如同野蛮般的日本强盗，使妇女、儿童得救了。这幅画表现了作者坚定的信念——日本侵略者必然被打败，抗战必胜，和平的愿望一定可以实现。这件作品既表现了唐一禾的爱国主义思想，也显示出他高超的技艺和才能，是思想性和艺术性的典范之作。

《七·七的号角》是唐一禾在1940年为创作巨幅油画所作的草图，描写当年青年学生组织的一支抗日宣传队。横幅的画面上一列长长的宣传队伍，他们举着旗帜，拿着土喇叭、锣鼓道具……开赴抗日的前方。“画家似乎不准备画一个特定的环境，然而这空白处理却是恰当的，它正好说明了当时举国上下、同仇敌忾的抗日情绪，也更好地说明了宣传队活动的舞台之广阔。”

在那个民族矛盾和阶级矛盾极其尖锐的年代里，唐一禾爱憎分明，他对民族敌人的憎恨正是出于他对人民的爱。他创作了一批表现劳动人民的作品，如《村妇》、《穷人》等，饱含着他对劳动人民的热爱之情。《村妇》所描述的是四川农妇赶场中休息时的神态。画面上一位农妇的背上背着她的婴儿，篮子里装的是在集市上出卖的母鸡，她的头微微低垂，脸上露出愁惨的表情。唐一禾创作此画的时间是1943年，反映的背景是四川江津农村，其意图是通过此画控诉日本发动的侵华战争，给中国社会造成的民不聊生的悲惨景象。《穷人》描绘的是祖孙两代人的悲惨遭遇，他们衣不蔽体，四处漂泊，老人佝偻着腰背，一手拄着讨饭棍，一手牵着孙子，挨门乞讨，他那由于饥饿深陷的眼睛失去了光彩，他似乎已经习惯了社会的黑暗，不乞求谁的安慰和同情；他已经不再留恋这人生，只有一丝忧虑通过紧闭的唇缝显示出来，那就是不放心身边时常喊肚子饿的孙儿。画家用凝重的颜色处理背景，更加重了这幅画的沉重气氛。不仅表现了抗战时期劳动人民的悲惨生活，更显出穷人高傲的性格和希望寄托在后代身上的感情。

陆定一在《〈唐一禾画集〉序》中指出：“唐先生的画，是歌颂抗战的，尤其难得的是，他的很多素描和油画，表现了对祖国和劳动人民的热爱。现在我们读了他的《村妇》、《穷人》、《女游击队员》、《七·七的号角》（画稿）、《胜利与和平》，可以看出唐先生对于劳动人民，是如何骄傲地热情地加以表现。另一方面，唐先生对于民族的敌人和人民的敌人，是不肯卑躬屈节的。”